태신자를 위한 40일 기도문

태신자를 위한 40일 기도문

초판 1쇄 인쇄 | 2012년 7월 20일
초판 1쇄 발행 | 2012년 7월 20일

지은이 | 한치호
교　정 | 이윤권
편　집 | 최영규
펴낸이 | 정신일
펴낸곳 | 크리스천리더
주　소 | 부천시 원미구 중동 667-16 (2층)
연락처 | ☎ (032)342-1979　fax.(032)343-3567
홈페이지 | www.cjesus.co.kr
총　판 | 생명의 말씀사 (02)3159-8211
등　록 | 제2-2727호(1999. 9. 30.)

ISBN 978-89-6594-049-4 03230

값 6,800원

저자와의 협약 아래 인지는 생략되었습니다.
이 출판물은 저작권법에 의해 보호를 받는 저작물이므로
무단전재와 무단복제를 할 수 없습니다.

■잘못된 책은 구입하신 곳에서 바꾸어 드립니다.

태신자를 위한 40일 기도문

한치호 목사

cS 크리스천리더

추천의 글

전도대상자를 태신자로 품어
생명을 낳는 기도

어느 전문 '전도기관'에서 현재, 교회에 소속되어 있는 성도들을 대상으로, 주님을 영접하게 된 동기를 조사해 본 자료가 있다.

① 가족이나 친척, 친구, 이웃 등 아는 사람을 통하여 주님을 영접 한 사람이 81%로 가장 많았다.

② 자기 스스로 종교가 필요해서 주님을 영접한 사람이 3%였다.

③ 축호전도나 노방전도를 통해서 주님을 영접한 사람이 3%였다.

④ 부흥회나 전도 집회를 통하여 주님을 영접한 사람이 2%였다.

⑤ 문서 전도를 통하여 주님을 영접한 사람이 1%였다.

⑥ 병원이나 육체적 질병으로 고통 받을 때 전도 받고 주님을 영접한 사람이 2%였다.

⑦ 교회의 프로그램을 통하여 주님을 영접한 사람이 2%였다.

⑧ 목회자 심방전도사의 전도로 주님을 영접한 사람이 4%였다.

⑨ 기타 동기로 주님을 영접한 사람이 2%였다.

이러한 조사가 말해 주듯이 친구나 친척을 통하여 주님을 영접한 사람이 81%나 되기 때문에, 우리가 전도할 때 친구나 이웃들 같이 나와 관계된 사람을 태신자로 정하고 전도하면 가장 효과적이라는 사실을 발견하게 된다.

'태신자'란 작정된 전도 대상자라는 뜻으로, 예수님이 말씀하신 '제자를 삼아'라는 데서 응용되었다. 이 원리는 어머니가 아기를 잉태하여 10달 동안 내에 간직했다가 출산하는 것과 같다.

이 전도는 모든 성도에게 잃어버린 영혼에 대한 관심을 갖게 하므로 성령님께 충만하게 하며, 건강한 교회 성장과 하나님 나라를 확장하는 체험을 갖게 하는 새 생명 운동이라 말할 수 있다.

나의 사랑하는 동역자 한치호 목사님께서 태신자의 전도에 요구되는 관계 조성의 과정을 꼼꼼하게 체크해서 40일 동안의 기도문을 작성했다니 대단한 작업이다.

이 일을 시작하시고, 이루신 하나님께 영광을 돌린다.

그리고 이 기도문을 사용하여 간구하는 이들에게 하늘의 문이 열리기를 기도한다.

부평삼광교회 담임, 대한예수교장로회경일노회 노회장(전)
2012년 7월에 **김갑천 목사**

저자의 말

결코, 유산하거나 포기할 수 없는
거룩한 사역 '태신자 전도'

　태신자 전도는 모든 성도들이 함께 땅 끝으로 가서 복음을 전하고, 땅 끝에서 역사하시며 함께 하시는 하나님의 능력을 체험하여 살아 있는 건강한 성도로 만드는 데 목적이 있다.

　전도의 경험이 있는 성도와 없는 성도 사이에는 엄청난 간격이 존재한다. 전도하는 중에, 문전박대를 당하며 핍박받아본 사람과 그렇지 못한 사람, 도무지 회개할 것 같지 않던 사람이 말씀에 고꾸라져 눈물 흘리며 회개하는 것을 경험해본 성도와 그렇지 못한 성도는 생명에 대한 차이가 있다.

　그리스도인은 때를 얻든지 못 얻든지 복음을 전해야 한다. 예수님께서는 주님의 제자 된 표시는 그들의 교제 가운데 나타나는 사랑이라고 말씀하셨다.

　제자들의 삶은 말과 행실과 삶의 태도에서 이 세상의 빛이 되어야 한다. 이와 같이 삶을 통해서 주님을 증거 하는 것은 짐이 되거나 억지로 하라고 해서 되는 것은 아니다. 그것은 그리스도와 연합된 삶을 살 때 자연스럽게 솟아난다.

그러한 그리스도인은 언제든지 복음을 전할 준비가 되어 있기 때문에 자기에게 주어진 기회를 놓치지 않고 복음을 전한다.

복음을 필요로 하는 모든 사람들에게 겸손과 사랑을 가지고 그리스도를 전한다.

초대 교회가 처음 박해를 겪을 때, 사도들을 제외한 모든 신자들은 유대와 사마리아 각지에 흩어졌다. 이들 그리스도인들은 비록 사도들의 지도를 받지 않았지만, 그들은 모든 곳에서 그리스도를 전하였다. 그들은 담대하게 복음을 전했고 예수님을 증언한 것이다.

우리가 하나님의 사랑을 받아들이고 그 사랑으로 살아가면 우리는 복음을 그냥 우리만 간직할 수는 없음을 깨닫게 된다.

만일, 우리가 그들에 대하여 무관심하면 지옥 백성이 되고, 그들에게 예수님을 전해주어 생명으로 초청하면 천국 생명이 된다.

이 생명사역을 위하여 40일 동안 기도에 헌신하자. 우리의 기도가 응답되어, 하나님께서 태신자들이 구원에 이르도록 그들의 영혼을 받아주실 것이다.

저자 한치호 목사

이 책의 활용법

1. 교회에 새로나왔거나 아직 정착하지 못한 태신자가 있다면 그 영혼을 위해 40일간 기도로 작정합니다.

2. 40일간 기도 시간을 정해 구체적으로 기도합니다.

3. 하루에 1과씩 기도문을 매일 읽고, 묵상하며 기도합니다.

4. 매 과의 첫 페이지 왼쪽에 태신자 이름을 기록하고 태신자를 위한 간구의 기도문을 기록합니다.

5. 매 과의 첫 페이지 오른쪽에 말씀을 깊이 있게 세번이상 읽고 묵상하며 태신자를 위한 실천사항을 기록합니다. 9페이지의 태신자 실천사항을 참고하세요.

6. 매 과의 기도문을 진정한 영혼을 사랑하는 마음을 담아 세번이상 읽고 기도합니다.

7. 40일간의 태신자 정착을 위한 기도를 마칠쯤엔 놀라운 영적 변화를 경험하게 될 것입니다.

태신자를 위해 이렇게 실천해보세요.

태신자에게 한 가지씩 실천해보세요. 당신의 실천으로 태신자들의 마음속엔 복음의 싹이 자라날 것입니다.

편지 보내기

태신자를 위해 새신자의 안부와 관심을 편지 안에 적어 보내세요.
태신자의 마음을 두드리는 도구가 될것입니다.

문자 보내기

오늘의 말씀 묵상을 태신자에게 안부인사와 함께
문자로 보내보세요. 관심은 최고의 사랑입니다.

선물하기

태신자를 생각하는 마음으로 부담 갖지 않을 작은 선물을
정성껏 준비해보세요.

태신자와 만나 식사하기

태신자와 편안히 식사하면서 오늘 하루 가까워지는 시간을
만들어보세요.

엽서 보내기

태신자를 위해 기도하는 중간 쯤 좋은 글이나
재미있는 이야기를 엽서로 보내시면 어떨까요?

추천의 글 • 4
저자의 말 • 6
이 책의 활용법 • 8

01 독생자를 주신 하나님의 사랑 • 14
02 사람을 낚는 어부 • 18
03 구원을 주시는 하나님 • 22
04 사람을 강권하여 데려다가 • 26
05 모든 사람이 구원을 받으며 • 30
06 그 영혼을 사망에서 구원하며 • 34
07 이 계명을 주께 받았나니 • 38
08 골육의 친척을 위하여 • 42
09 고통 받는 곳에 오지 않게 • 46
10 생명책에 기록되지 못한 자는 • 50
11 그리스도의 사랑이 우리를 • 56
12 구원-하나님의 선물 • 60
13 잃어버린 자를 찾아 구원하려 • 64
14 이 은혜를 주신 것은 • 68
15 해산하는 수고를 하노니 • 72
16 다른 가까운 마을들로 • 76
17 오직 복음을 전케 하려 • 80
18 나와 함께 낙원에 • 84
19 주의 길을 굳게 지키고 • 88

20 온 천하에 다니며 만민에게 • *92*

21 네 이웃을 네 몸과 같이 • *98*

22 서로 마음을 같이 하며 • *102*

23 하나님의 사랑이 우리에게 • *106*

24 지극히 작은 자 하나에게 • *110*

25 너도 이와 같이 하라 • *114*

26 악인이 그 길에서 돌이켜 • *118*

27 너희를 택하여 세웠나니 • *122*

28 주의 이름을 부르는 자 • *126*

29 내 말과 내 전도함이 • *130*

30 그 이름들이 생명책에 • *134*

31 구원의 반석을 향하여 • *140*

32 눈과 같이, 양털 같이 • *144*

33 그 배에서 생수의 강이 • *148*

34 우리가 먹고 즐기자 • *152*

35 내가 곧 생명의 떡이니 • *156*

36 이 반석 위에 내 교회를 • *160*

37 구하라 그리하면 받으리니 • *164*

38 여호와 앞에 펴 놓고 • *168*

39 성전에 모이기를 힘쓰고 • *172*

40 성령의 하나 되게 하신 것을 • *176*

1

독생자를 주신 하나님의 사랑

"하나님은 하나뿐인 아들인 예수님을 우리에게 보내시어 우리를 죄악의 길에서 구원의 길로 인도하셨습니다. 그 하나님의 사랑을 태신자들에게 전해야합니다."

_____ 를 위한 첫번째 기도

....
....
....

말씀으로 묵상하십시오.

하나님을 세상을 이처럼 사랑하사 독생자를 주셨으니 이는 그를 믿는 자마다 멸망하지 않고 영생을 얻게 하려하심이라 | 요한복음 3:16

말씀하시되 나를 따라오라 내가 너희를 사람을 낚는 어부가 되게 하리라 하시니 | 마태복음 4:19

내가 복음을 부끄러워하지 아니하노니 이 복음은 모든 믿는 자에게 구원을 주시는 하나님의 능력이 됨이라 먼저는 유대인에게요 그리고 헬라인에게로다 | 로마서 1:16

태신자를 위한 오늘의 실천사항

1.
2.
3.

사랑이 많으신 하나님,

죽어가는 영혼에 대하여 생각하게 하시고, 그들이 지옥불로 던져지는 것을 슬퍼하게 하시는 하나님을 사랑합니다. 여전히 하나님을 거역하고, 하나님의 영광을 자기의 것으로 삼는 죄인일지라도 사랑하시는 그 마음을 저도 품게 하시옵소서.

하늘과 땅의 모든 권세가 저에게 주어졌으니, 사람을 사로잡고 있는 귀신의 세력을 물리쳐 영혼을 구하는 일에 헌신하게 하시옵소서. 하늘의 권세를 거저 두지 않고, 복음을 구하는 일에 사용하게 하시옵소서.

모든 족속으로 제자를 삼으라는 예수님의 말씀이 저의 심령에 생생하게 박히기를 원합니다. 모든 사람이 구원에 이르기를 원하시는 하나님의 소원이 저의 것이 되게 하시기를 원합니다.

하나님의 사랑으로 제가 오늘, 영생의 복락을 누림에 감사하여 복음을 전하는 일에 저 자신을 올려 드리게 하시옵소서.

저 자신이 삶에만 분주하여 마음과 시간, 그리고 물질까지도 오직 자신을 위해 사용하였던 죄를 회개합니다.

죄인들이 하나님께로 돌아오기를 기다리시는 주님의 마음을 품게 하시옵소서. 하나님이 자녀로서 마땅히 아버지의 뜻을 이루어드리기를 소원하게 하시옵소서.

이제 사람들을 만날 때, 하나님께서 사랑하시는 형제(자매)로 바라보게 하시옵소서. 그들을 사랑하시는 하나님의 사랑을 깨달아 복음을 전해야만 하는 전도대상자로 보게 하시옵소서.

예수님의 이름으로 기도드립니다. 아멘.

2

사람을 낚는 어부

"하나님께서는 한 마리 양을 찾으시고는 아흔아홉 마리보다 더 기뻐하셨습니다. 한 영혼을 기다리시는 하나님의 마음으로 우리도 태신자를 품어야겠습니다."

_____ 를 위한 두번째 기도

....
....
....

말씀으로 묵상하십시오.

말씀하시되 나를 따라오라 내가 너희를 사람을 낚는 어부가 되게 하리라 하시니 | 마태복음 4:19

진실로 너희에게 이르노니 만일 찾으면 길을 잃지 아니한 아흔아홉 마리보다 이것을 더 기뻐하리라
| 마태복음 18:13

어떤 여자가 열 드라크마가 있는데 하나를 잃으면 등불을 켜고 집을 쓸며 찾아내기까지 부지런히 찾지 아니하겠느냐 | 누가복음 15:8

태신자를 위한 오늘의 실천사항

1.
2.
3.

하늘에 계신 아버지여,

죄와 허물로 죽어가는 영혼을 불쌍히 여기게 하셨음을 묵상합니다. 잃어버린 자식을 찾는 심정으로 지금도 죄인이 돌아오기를 기다리시는 하나님의 마음을 저의 것으로 삼게 하시옵소서.

한 생명이 천하보다 귀하다고 하셨으니 단 한 명이라도 감사하니 복음을 전하여 생명에 이르도록 하는 일을 감당하게 하시옵소서.

늘 자기 자신에게로만 집중되었고, 자신의 일을 좇는 것에 분주했던 저에게 영혼을 찾으시는 하나님의 마음을 깨닫게 하셨습니다. 성령님의 강권하시는 은혜가 임하여 전도하는 일에 쓰임을 받게 하시옵소서.

주님을 믿지 않는 사람을 볼 때 불쌍하게 여겨지게 하시며, 하나님의 자녀가 되도록 복음을 전하게 하시옵소서.

전도에 대한 마음을 품게 하셨으니 하나님께서 구원하시려는 영혼을 만나게 해 주시기를 기도합니다.

이 시간에, 한 영혼을 천하보다 귀하게 여기시는 하나님의 마음이 저의 마음이 되게 하시옵소서.

지옥으로 끌려가는 한 영혼을 건지시려고 예수님께서 십자가를 지신 사실을 기억하게 하시옵소서.

인생의 구원이 귀한 일이기에, 아들 예수님도 십자가에서 제물이 되게 하셨음에, 영혼의 가치를 깨닫기 원합니다. 저를 사람을 낚는 어부로 부르셨으니, 듣던지 그렇지 않던지 복음을 전하여 그 은혜에 순종하게 하시옵소서.

예수님의 이름으로 기도드립니다. 아멘.

3

구원을 주시는 하나님

"구원에 이르는 길은 이 세상의 부와 명예와 권력도 아닙니다. 오직 십자가에서 우리를 위해 죽으시고 부활하신 예수님을 믿는 길입니다. 이 복음의 씨를 이제 우리 태신자에게도 심어야 합니다."

_____ 를 위한 세번째 기도

....
....
....

말씀으로 묵상하십시오.

내가 복음을 부끄러워하지 아니하노니 이 복음은 모든 믿는 자에게 구원을 주시는 하나님의 능력이 됨이라 먼저는 유대인에게요 그리고 헬라인에게로다 | 로마서 1:16

복음에는 하나님의 의가 나타나서 믿음으로 믿음에 이르게 하나니 기록된 바 오직 의인은 믿음으로 말미암아 살리라 함과 같으니라 | 로마서 1:17

너희는 그 은혜에 의하여 믿음으로 말미암아 구원을 받았으니 이것은 너희에게서 난 것이 아니요 하나님의 선물이라 | 에베소서 2:8

태신자를 위한 오늘의 실천사항

1.
2.
3.

우리의 보호자가 되시는 여호와여,

복음을 전하는 일에 열정을 품게 하시는 하나님을 찬양합니다. 한 영혼을 구하여 천국 백성으로 삼으시려는 하나님의 사랑으로 저의 가슴이 뜨거워지게 하시옵소서.

이에, 지금까지 생각해왔던 전도가 어렵다거나 말주변이 없어서 전도가 힘들다든지, 전도는 은사를 받은 사람만이 할 수 있다는 생각을 버리게 하시옵소서. 주님의 보내심으로 나아가기 원합니다.

죄인을 구하시려는 하나님의 사랑이 저의 마음에 타오르기를 바랍니다. 저의 심령이 영혼을 구하는 일에 목마르게 하시며, 성령님께서 강권해 주시옵소서. 저의 마음이나 말, 또는 행동을 사용하여 죄인의 영혼을 구하시려는 하나님의 마음을 품게 하시옵소서. 제가 복음을 전할 수 있도록 구원을 사모하는 영혼을 붙여주시옵소서.

주인이 자기의 종에게 일러, "길과 산울가로 나가서 사람을 강권하여 데려다가 내 집을 채우라" 했음이 하나님의 심정인 것을 깨닫기 원합니다.

죄인이 돌아오기를 기다리시는 하나님의 심정으로 복음을 전하여 교회를 채우게 하시옵소서.

죄인의 생명을 귀하게 보시고, 예수님께서 대신 죗값을 치러 구원에 이르게 하셨음을 확인합니다. 오늘, 저에게 이 복음을 전하도록 들어야 할 자를 만나게 하시옵소서.

복음을 들어 믿음에 이르고, 예수님을 구주로 영접하는 사건을 보게 하시옵소서.

예수님의 이름으로 기도드립니다. 아멘.

4

사람을 강권하여 데려다가

"하나님께서는 아직도 믿지 않은 한 영혼이라도 구원 받기를 원하시고 계십니다. 우리는 이러한 하나님의 마음을 품어 때를 얻든지 못 얻든지 주의 복음을 전해야 하겠습니다."

_____ 를 위한 네번째 기도

....
....
....

말씀으로 묵상하십시오.

주인이 종에게 이르되 길과 산울타리 가로 나가서 사람을 강권하여 데려다가 내 집을 채우라 | 누가복음 14:23

또 이르시되 너희는 온 천하에 다니며 만민에게 복음을 전파하라 | 마가복음 16:15

너는 말씀을 전파하라 때를 얻든지 못 얻든지 항상 힘쓰라 범사에 오래 참음과 가르침으로 경책하며 경계하며 권하라 | 디모데후서 4:2

태신자를 위한 오늘의 실천사항

1.
2.
3.

인애하신 하나님,

지금, 이 순간에도 지옥불로 끌려들어갈 이들 영혼에 대한 애타는 마음을 주시옵소서. 자신이 어디로 가는지도 모르고, 불쌍하게 살아가는 이들에 대한 눈물을 주시옵소서.

그들에게 주님의 보혈을 전하여, 죄를 씻음 받고, 하나님의 자녀가 되도록 전도하게 하시옵소서.

저의 주변에 있는 이들 중에는 예수님을 믿지 않는 이들이 많습니다. 제가 그들에게 복음을 전하지 않았음이 죄로 깨닫게 됩니다.

우리의 구원을 위하여 십자가에 달리신 주님의 마음을 갖고, 그들을 품게 하시옵소서.

그들에게 단지 좋은 이웃으로서가 아니라 복음을 전하는 이웃이 되게 하시옵소서.

불신자들을 이웃으로 함께 지내게 하심에는 전도의 기회가 주어졌음을 깨닫습니다.

천국의 복음을 전파하기 위해서 이 땅에 오신 주님을 묵상합니다. 저에게도 주님께서 품으셨던 전도의 소원으로 가슴이 뜨거워지게 하시옵소서.

주님과 같이 전도하기 위해서 사는 삶을 소원하게 하시옵소서. 저를 구원해 주신 하나님의 은혜를 깨달아 빚진 자의 심정이 되게 하시옵소서.

죄인의 멸망을 기뻐하지 않으시는 하나님의 마음을 품게 하시옵소서. 이 시간에, 성령님의 충만하심으로 제가 전도의 영으로 인도받게 하시옵소서.

죄인들이 구원을 받아 영생의 잔치에 초대되기를 기다리시는 하나님의 마음을 저에게 주시옵소서.

예수님의 이름으로 기도드립니다. 아멘.

5

모든 사람이
구원을 받으며

"하나님의 뜻은 모든 사람이 구원을 받는 것입니다. 전도자인 우리는 하나님의 뜻이 이루어지도록 복음의 신발을 신어 태신자를 향해 나갑시다."

_____ 를 위한 다섯번째 기도

말씀으로 묵상하십시요.

하나님은 모든 사람이 구원을 받으며 진리를 아는 데에 이르기를 원하시느니라 | 디모데전서 2:4

그러나 너는 모든 일에 신중하여 고난을 받으며 전도자의 일을 하며 네 직무를 다하라 | 디모데후서 4:5

평안의 복음이 준비한 것으로 신을 신고 | 에베소서 6:15

태신자를 위한 오늘의 실천사항

1.
2.
3.

얼굴을 내밀어 주시는 하나님,

주님께서 이 땅에 계시는 동안에 복음을 전하셨던 삶이 저의 것이 되게 하여 주시옵소서. 하나님의 자녀로서 마땅히 아버지가 원하시는 일을 해드리는 자녀가 되게 하시옵소서. 이로써, 전도가 제 삶에서 습관이 되게 하시옵소서.

저에게 전도를 두렵게 하는 사탄의 훼방을 물리쳐 주시옵소서. 전도에 대하여 망설이게 하는 마음의 유혹에도 흔들리지 않게 하시옵소서.

불신자들을 하나님의 품으로 데려오는 일은 영적인 전쟁이라는 사실을 늘 잊지 않게 하시옵소서. 전도를 방해하는 음부의 권세를 예수님의 이름으로 물리치고, 복음을 전하게 하시옵소서.

그동안, 믿음으로 산다 하면서도 하나님의 뜻에 주목하지 못했던 날들을 회개합니다. 생명을 구원해 내는 일을 거룩한 사명으로 삼아, 이 일을 위하여 기도를 시작하게 하시옵소서.

오늘, 성령 충만 되어서 능력의 사람이 되게 하시옵소서. 전도의 권능을 받아, 누구에게나 만나는 사람에게 복음을 전하기를 원합니다.

땅 끝까지 이르러 예수님의 증인이 되는 한 날을 살게 하시옵소서. 주님의 보내심으로 보내어지는 전도자가 되게 하시옵소서.

이 땅에 ○○ 교회를 세우셔서 이 교회로 말미암아 복음이 전파되어 모든 사람이 구원에 이르기를 바라시는 하나님께 응답하는 자가 되기를 바랍니다. 우리 교회와 더불어 전도자의 심정으로 살게 하시옵소서.

예수님의 이름으로 기도드립니다. 아멘.

6

그 영혼을
사망에서 구원하며

"영혼을 구원하려는 마음을 품은 우리를 하나님께서는 이미 기뻐하십니다. 나를 통해 구원받을 영혼을 하나님께서 순조로이 인도해주실 것을 확신하십시오."

_____ 를 위한 여섯번째 기도

....
....
....

말씀으로 묵상하십시오.

너희가 알 것은 죄인을 미혹된 길에서 돌아서게 하는 자가 그의 영혼을 사망에서 구원할 것이며 허다한 죄를 덮을 것임이라 | 야고보서 5:20

예수께서 이르시되 나를 따라오라 내가 너희로 사람을 낚는 어부가 되게 하리라 하시니 | 마가복음 1:17

내가 또 너희에게 이르노니 구하라 그러면 너희에게 주실 것이요 찾으라 그러면 찾아낼 것이요 문을 두드리라 그러면 너희에게 열릴 것이니 | 누가복음 11:9

태신자를 위한 오늘의 실천사항

1.
2.
3.

인생을 주관하시는 하나님,
 주님의 제자가 될 때, 사람을 낚는 어부가 되게 하시겠다고 저에게도 말씀하셨음을 기억합니다. 새벽에 기도하실 때, 전도를 위하여 간구하시며 바로 전도를 위하여 세상에 오셨다고 말씀하신 주님의 일을 이어가게 하시옵소서.

 주님을 따라 전도자로 살려는 비전을 품기 원합니다. 복음을 받았으니, 이 복음을 거저 주고자 하는 대상을 만나게 하시옵소서.
 저의 전도로 말미암아 하나님의 자녀가 될 사람을 만나게 하시옵소서.

 저의 말이나 행동으로 구원을 받을 영혼을 섬기게 하시옵소서. 고기를 잡는 어부가 그물을 바다에 내리듯이, 저에게도 전도를 위하여 복음을 전할 만한 사람을 찾게 하시옵소서.
 부지런히 사람들에게로 가서 복음을 전하게 하시옵소서.

오늘, 영혼을 구하려는 마음을 주셨음에 감사드립니다. 저의 입술로 복음을 증거해서 생명으로 인도할 영혼을 만나게 해 주시옵소서.

"구하라 그러면 얻을 것이요"라고 약속하신 말씀대로 전도할 영혼을 구합니다. 하나님께서 구원하시기로 작정하신 영혼을 저에게 붙여 주시옵소서.

죄인을 미혹한 길에서 돌아서도록 하라는 말씀에 순종할 준비를 갖추게 하시옵소서.

자기의 죄에 빠져 허우적거리는 이를 찾아가는 구원에의 열정을 품게 하시옵소서. 불의를 모르고, 패역한 상태에 놓여진 심령을 찾아가는 열정을 품게 하시옵소서.

예수님의 이름으로 기도드립니다. 아멘.

7

이 계명을
주께 받았나니

"태신자를 품어 기도를 시작한 당신은 이미 승리하셨습니다. 이제 태신자가 잘 잉태될 수 있도록 하나님 손에 맡기며 계속해서 기도에 힘씁시다."

———————— 를 위한 일곱번째 기도

....
....
....

말씀으로 묵상하십시오.

우리가 이 계명을 주께 받았나니 하나님을 사랑하는 자는 또한 그 형제를 사랑할지니라 | 요한일서 4:21

예수께서 이르시되 나를 따라오라 내가 너희로 사람을 낚는 어부가 되게 하리라 하시니 | 마가복음 1:17

내가 또 너희에게 이르노니 구하라 그러면 너희에게 주실 것이요 찾으라 그러면 찾아낼 것이요 문을 두드리라 그러면 너희에게 열릴 것이니 | 누가복음 11:9

태신자를 위한 오늘의 실천사항

1.
2.
3.

자비로우신 하나님,

생명을 살리기 위하여 복음을 전할 때 부끄러움을 느끼지 않게 하시옵소서. 낯선 사람을 만나는 것을 두려워하지 않길 원합니다.

처음 대하는 사람이지만 그를 사랑하시는 하나님의 눈으로 쳐다보게 하시옵소서.

마귀가 저의 마음을 흔들지 못하도록 성령님께서 강하게 붙잡아 주시옵소서.

성령님께서 이끄시는 대로, 사람들에게로 가게 하시옵소서. 그들 중에, 한 사람을 전도대상자로 품게 하시옵소서.

나의 태신자로 품어서 복음을 전하고, 그의 영혼이 구원함에 이르기까지 기도하게 하시옵소서.

한 영혼의 구원을 위해서 수고하는 은혜를 누리게 하시옵소서.

이 시간에, 하나님의 구원계획의 대상이 된 영혼을 구합니다. 구원의 시간이 임박한 영혼을 만나게 하시옵소서. 복음을 들어 구원에 이를 시간이 된 영혼을 붙여 주시옵소서. 복음을 전해 주기를 기다리는 심령에게 저를 보내 주시옵소서.

제가 하나님을 사랑하기 때문에, 이웃에게로 다가가서 섬기는 은혜를 보게 하시옵소서.
단지 하나님의 사랑으로 이웃을 사랑하는 자가 되기 원합니다. 그가 혹시 낙심한 중에 있을지라도 여전히 그를 사랑하시는 하나님을 깨닫습니다.

태신자를 품어 하나님의 사랑이 우리 안에 풍성해지게 하시옵소서. 태신자로 선택하고, 그를 가슴에 잉태하는 과정에서 하나님의 사랑을 나누게 하시옵소서. 아무런 조건이 없이 태신자를 사랑하는 마음으로 섬기게 하시옵소서.
예수님의 이름으로 기도드립니다. 아멘.

8

골육의 친척을 위하여

"구원만 얻을 수 있다면 이 세상의 어떤 희생도 아무 것도 아닙니다. 구원에 이르는 영혼이 많아지도록 우리의 열심과 헌신을 더욱 내야겠습니다."

_____ 를 위한 여덟번째 기도

....
....
....

말씀으로 묵상하십시오.

나의 형제 곧 골육의 친척을 위하여 내 자신이 저주를 받아 그리스도에게서 끊어질지라도 원하는 바로라 | 로마서 9:3

오직 성령이 너희에게 임하시면 너희가 권능을 받고 예루살렘과 온 유대와 사마리아와 땅 끝까지 이르러 내 증인이 되리라 하시니라 | 사도행전 1:8

이르시되 때가 찼고 하나님의 나라가 가까이 왔으니 회개하고 복음을 믿으라 하시더라 | 마가복음 1:15

태신자를 위한 오늘의 실천사항

1.
2.
3.

세상을 사랑하시는 하나님

전도에 헌신할 것을 저의 마음에 품게 하신 하나님을 찬양합니다.

생명을 살리는 거룩한 일에 헌신을 작정했으니, 이 마음이 전도의 열매로 나타나도록 성령님의 인도하심을 바랍니다.

성령이 충만해서 성령의 말하게 하심을 따라 복음을 전하게 하시옵소서.

한 영혼을 천하보다 귀하게 여기시는 하나님의 마음으로 불신자들을 바라보게 하시고, 성령님의 인도하심에 따라 전도할 영혼에게 다가가게 하시옵소서.

이제 간절히 원하기는 사람의 말이 아니라, 생명을 구원함에 이르게 하시는 하나님의 말씀을 전하게 하시옵소서. 성령님의 이끄심에 따라 순종하여 태신자를 삼게 하시옵소서.

제가 말이 서툰 가운데서도 생명에 이르는 복음을

전하게 하시며, 전도대상자의 심령에 복음을 듣고, 믿음으로 반기는 능력이 나타나게 하시옵소서.

성령님께서 저의 마음과 입술을 사용하시고, 전도대상자에게는 복음을 들을 수 있는 귀를 갖게 하시고, 그 말씀이 믿어지는 믿음을 선물로 주시옵소서.

오늘 하루를 지내면서 만나는 사람들에게 주목하는 은혜를 내려 주시옵소서.

저의 삶에서 매일 매일 부딪치는 사람들, 그리고 처음으로 만나게 되는 사람들, 우연히 마주치는 사람들 속에서 복음을 전할 영혼을 보게 하시옵소서.

구원에 이르도록 하나님의 시간에 작정된 영혼을 찾아내게 하시옵소서.

예수님의 이름으로 기도드립니다. 아멘.

9

고통 받는 곳에
오지 않게

"우리가 하나님을 믿는 목적은 구원받아 천국에 가기 위함입니다. 꺼지지 않는 지옥 불에 나뿐만 아니라 내 가족, 내 이웃 모두 가지 않도록 복음 전하는 일에 열심을 내야겠습니다."

_____ 를 위한 아홉번째 기도

....
....
....

말씀으로 묵상하십시요.

내 형제 다섯이 있으니 그들에게 증언하게 하여 그들로 이 고통 받는 곳에 오지 않게 하소서 | 누가복음 16:28

또한 만일 네 오른손이 너로 실족하게 하거든 찍어 내버리라 네 백체 중 하나가 없어지고 온 몸이 지옥에 던져지지 않는 것이 유익하니라 | 마태복음 5:30

마땅히 두려워할 자를 내가 너희에게 보이리니 곧 죽인 후에 또한 지옥에 던져 넣는 권세 있는 그를 두려워하라 내가 참으로 너희에게 이르노니 그를 두려워하라 | 누가복음 12:5

태신자를 위한 오늘의 실천사항

1.
2.
3.

영원히 영광을 받으실 여호와여,

오늘 하나님을 사랑하기에 우리의 형제가 되는 불신자들의 영혼을 품게 하시옵소서.

우리 주님을 믿던지, 믿지 않든지를 떠나 그들을 위하여 기도하게 하시옵소서. 저에게 불신자들을 위하여 간구하는 은혜를 풍성하게 하시옵소서.

그리하여 이 기도를 통해서 그들에게 전도자로 다가가게 하시옵소서. 영혼을 사랑하시는 전도의 영으로 제 가슴이 뜨거워지기를 소원합니다.

늘 마주쳤던 사람들 중에, 전도대상자로 선택하여 태신자로 삼게 하시옵소서.

그의 영혼을 가슴에 품고 구원함에 이르도록, 천국의 백성이 되도록 기도하게 하시옵소서. 제가 태신자를 품음으로 말미암아 하나님의 나라가 이 땅에서 이루어지기를 기도합니다.

제가 늘 욕심이 많되, 그 욕심을 영혼에 두게 하시기를 원합니다. 사탄에게 매여 종노릇을 하다가 지옥에 가게 될 영혼을 구하여 하나님의 자녀로 올려 드리게 하시옵소서.

생명을 하나님께 바치는 은혜를 경험하게 하시옵소서. 영혼을 구원하는 일꾼이 되어 사는 한 날이 되기를 소원합니다.

죄인을 향한 하나님의 사랑을 전하는 일을 즐겁게 여기는 마음을 주시옵소서.

성령님께서 저의 마음을 강권하셔서 복음을 들을 자들을 찾아내게 하시고, 그를 사랑으로 섬기게 하시옵소서. 저를 통해서 세상에 드러내어야 하는 하나님의 사랑을 태신자를 품어 복음 전하는 일로 나타내게 하시옵소서.

예수님의 이름으로 기도드립니다. 아멘.

10

생명책에 기록되지 못한 자는

"우리가 복음을 전하고자 할 때, 하나님께서는 항상 우리 가운데 계신다고 약속하셨습니다. 두려워하거나 부끄러워하지 말고 복음의 진리를 믿음으로 전합시다."

_____ 를 위한 열번째 기도

....
....
....

말씀으로 묵상하십시오.

누구든지 생명책에 기록되지 못한 자는 불못에 던져지더라 | 요한계시록 20:15

그들에게 우리가 한시도 복종하지 아니하였으니 이는 복음의 진리가 항상 너희 가운데 있게 하려 함이라 | 갈라디아서 2:5

이 복음을 위하여 그의 능력이 역사하시는 대로 내게 주신 하나님의 은혜의 선물을 따라 내가 일꾼이 되었노라 | 에베소서 3:7

태신자를 위한 오늘의 실천사항

1.
2.
3.

좋은 것으로 채워주시는 하나님,

저에게 태신자를 품는 비전을 갖게 하신 성령님을 환영합니다.

성령님의 보내심으로 저의 마음을 태신자에게로 향하게 하시옵소서. 그를 가슴에 품어 복음을 받아 영생에 이르기까지 잉태하는 수고를 기쁨으로 감당하게 하시옵소서.

태신자를 품는 것이 그를 향한 하나님의 사랑이 되기를 바랍니다.

이미 구원함에 이르러 복음의 빚진 자가 되었으니 어떤 수고가 될지라도 감당하게 하시옵소서. 하나님께서 사랑하시는 대상이라는 사실을 생각하면서 사람들을 대하게 하시옵소서.

복음을 전하기를 부끄러워하지 않았던 바울의 마음을 저의 것으로 삼게 하시옵소서. 저의 심령이 전도의 영으로 불타올라 이 불을 누구에게라도 옮기지 않고는 못 버티게 하시옵소서. 하나님께서 구원을 계획하신 영혼을 만나게 하시옵소서.

   성령님께서 붙여주시는 영혼을 향해서 복음을 전할 때, 믿음에 이르게 하시옵소서.

   그리고 그 믿음에서 구원을 주시는 하나님의 능력을 받게 하시옵소서. 예수님을 구주로 영접하여 하나님의 자녀가 되는 은혜를 보여 주시옵소서.

   세상을 사랑하시는 하나님의 마음을 갖고 하루를 살아가기 원합니다.

   누구인지는 몰라도 하나님의 구원계획에 작정된 사람을 저에게 보내주셨음을 주목하게 하시옵소서.

   그리하여 누구에게라도, 어떤 순간에라도 복음을 전할 준비가 갖추어지도록 인도해 주시옵소서.

   예수님의 이름으로 기도드립니다. 아멘.

태신자를 위한 아름다운 기도

날짜	새신자이름	기 도 제 목

Prayer

태신자 전도를 위한 신앙지식

전도 15계명

1. 모든 사람들에게 전하라.(마 28:19~20)

2. 성령을 힘입어 잔하라.(행 1:8)

3. 담대히 전하라.(행 4;29, 빌 1:8)

4. 어느 곳에든지 전하라.(행 5:42)

5. 죽음을 두려워 말고 전하라.(행 15:25-26)

6. 할 수 있는 한 최선을 다해 전하라.(행 20:24)

7. 부끄러워하지 말고 담대히 전하라.(롬 1:16)

8. 기도하면서 전하라.(롬 15:30-33)

9. 상급을 확신하며 전하라.(고전 3:8)

10. 낙심하지 말고 전하라.(고후 4;1)

11. 사랑의 의무로써 전하라.(고후 5:14)

12. 그리스도의 사신으로서 전하라.(고후 5:20)

13. 믿음과 착한 양심으로 전하라.(딤전 1:18~19)

14. 고난을 무릅쓰고 전하라.(딤후 1:12)

15. 항상 힘씀으로 전하라.(딤후 4:2)

11

그리스도의
사랑이 우리를

"하나님의 사랑으로 인해 우리는 구원을 받았습니다. 이제 그 사랑을 우리가 품어 태신자에게 하나님의 사랑을 전하여 귀한 열매를 맺도록 합시다."

_____ 를 위한 열한번째 기도

....

....

....

말씀으로 묵상하십시오.

그리스도의 사랑이 우리를 강권하시는도다 우리가 생각하건대 한 사람이 모든 사람을 대신하여 죽었은즉 모든 사람이 죽은 것이라 | 고린도후서 5:14

이 복음이 이미 너희에게 이르매 너희가 듣고 참으로 하나님의 은혜를 깨달은 날부터 너희 중에서와 같이 또한 온 천하에서도 열매를 맺어 자라는도다 | 골로새서 1:6

하나님이 우리를 사랑하시는 사랑을 우리가 알고 믿었노니 하나님은 사랑이시라 사랑 안에 거하는 자는 하나님 안에 거하고 하나님도 그의 안에 거하시느니라 | 요한일서 4:16

태신자를 위한 오늘의 실천사항

1.
2.
3.

교회로 가까이 이끄시는 여호와여,

집을 나간 아들이 돌아오기를 기다리는 아버지의 심정으로 우리를 기다리시는 하나님의 마음을 저에게 주시옵소서.

잃어버린바 된 자녀를 찾으시는 하나님 아버지의 사랑을 저희 가슴에 넣어 주시옵소서. 그 사랑을 가지고 불신자에게로 다가가기를 원합니다.

우리를 살리시려고 자기 아들을 십자가에 내어주어 죽게 하셨던 하나님의 사랑을 증언하게 하시옵소서. 저의 말과 행동에 세상을 사랑하시는 하나님의 사랑이 전달되게 하시옵소서.

그리하여 제가 전도해야 될 태신자가 작정되게 하시며, 그 영혼이 하나님의 품에 안기기까지 수고를 다하게 해 주시기를 원합니다.

길과 산울가로 종을 내보내어 잔치 자리를 채우게 했던 주인의 마음이 하나님의 가슴인 것을 깨닫게 하시옵소서. 죄인 한 사람에게 복음을 전해 하나님의 품으로 돌아오도록 하는 일에 저를 드리게 하시옵소서.

성령님의 강권하시는 은혜로 태신자를 품게 하시옵소서. 하나님께서 구원에 이르기를 계획하신 영혼을 품도록 인도해 주시옵소서.

이 시간 태신자 사모하기를 더욱 간절하게 하시고, 전도대상자로 선택할 영혼을 향한 간절한 마음을 주시옵소서.

죄인을 구하시려고 십자가에 달려 보혈을 흘리신 예수님의 사랑이 저의 가슴을 태우기 원합니다. 그 사랑이 태신자에게로 달려가게 하시옵소서.

예수님의 이름으로 기도드립니다. 아멘.

12

하나님의 선물

"이 세상에서 33년 간 사역하셨던 예수님의 전도자의 삶을 본받아 그 뜨거운 사랑을 내가 품은 태신자에게도 전달되도록 해야겠습니다."

_____ 를 위한 열두번째 기도

....
....
....

말씀으로 묵상하십시오.

너희는 그 은혜에 의하여 믿음으로 말미암아 구원을 받았으니 이것은 너희에게서 난 것이 아니요 하나님의 선물이라 | 에베소서 2:8

이르되 주 예수를 믿으라 그리하면 너와 네 집이 구원을 받으리라 하고 | 사도행전 16:31

소망이 우리를 부끄럽게 하지 아니함은 우리에게 주신 성령으로 말미암아 하나님의 사랑이 우리 마음에 부은 바 됨이니 | 로마서 5:5

태신자를 위한 오늘의 실천사항

1.
2.
3.

나의 주, 나의 하나님,

제가 복음을 전할 영혼을 만나게 하시옵소서. 죽어 가는 죄인을 위하여 기도하게 하시며, 전도로 말미암은 상을 바라보게 하시옵소서.

영혼을 구하는 일이 저에 대한 부름의 상임을 깨달았으니, 제가 품어야 할 태신자를 섬기기 원합니다.

지금, 하나님의 구원해 주심에 목말라 있는 영혼에게로 저를 보내 주시옵소서. 구원의 진리에 갈급해 있는 불신자를 만나게 하시옵소서. 제가 오늘 길을 가던지 혹시 어떤 사람을 만나게 되던지 사람에게 주목하여 구원을 기다리는가를 살피게 하시옵소서.

우리의 허물과 죄 때문에 고난을 당하신 주님의 사랑이 저로 하여금 태신자를 품게 하시기를 바랍니다. 우리가 죽어야 마땅함에도, 우리를 살리시려고 예수님께서 우리 대신 십자가에 달려 피를 흘려주신 은혜를 나누기 위하여 태신자를 삼게 하시옵소서.

제가 태신자를 삼을 때, 비로소 복음의 빚을 갚을

수 있음을 기억합니다.

　하나님께서 구원을 기뻐하시며, 제가 품어야 할 태신자가 누구인지 알려 주시옵소서.

　"주 예수를 믿으라 그리하면 너와 네 집이 구원을 얻으리라"는 약속이 성취되는 은혜를 보여 주시옵소서. 저를 통해서 생명의 복음이 모든 이들에게로 흘러들어가는 은혜를 경험하게 하시옵소서. 이 일을 위하여 늘 기도로 살아가도록 인도해 주시옵소서.

　예수님의 이름으로 기도드립니다. 아멘.

13

잃어버린 자를 찾아 구원하려

"한 영혼이라도 더 구원하기 위해 병을 고치시고 두루 다니시며 애쓰셨던 예수님의 사랑을 기억합니다. 이제 그 바통을 이어받아 우리가 잃어버린 자를 찾아야 합니다."

_____ 를 위한 열세번째 기도

....
....
....

말씀으로 묵상하십시오.

인자가 온 것은 잃어버린 자를 찾아 구원하려 함이니라 | 누가복음 19:10

내가 이 복음을 위하여 선포자와 사도와 교사로 세우심을 입었노라 | 디모데후서 1:11

우리가 아직 죄인 되었을 때에 그리스도께서 우리를 위하여 죽으심으로 하나님께서 우리에 대한 자기의 사랑을 확증하셨느니라 | 로마서 5:8

태신자를 위한 오늘의 실천사항

1.
2.
3.

하나님 아버지,

저를 사람을 낚는 어부로 준비시키시고, 죄와 저주로 말미암아 죽어가는 자를 살리시려고 죄인에게 보내시는 하나님을 주목하게 하시옵소서.

사람을 대할 때 과연 제가 품어야 할 태신자인가를 살피게 하시며, 그에게로 보내시는 성령님의 음성을 듣기를 원합니다.

하나님께서 사랑하시는 사람을 태신자로 품어 해산하는 은혜에 들어가게 하시옵소서.

영원한 불 못으로 던져질 수밖에 없는 사람을 구하여 영생을 얻도록 하는 수고를 감당하게 하시옵소서. 죄인을 구원해내는 거룩한 사역에 쓰임을 받기를 원합니다.

이에 태신자를 사모하니 품을 만한 영혼을 붙여 주시옵소서. 그가 주님께서 찾으시는 잃어버린 자일진대 그를 찾도록 하시옵소서. 지옥불로 끌려가는 것도 모른 채 세상의 즐거움에 취해 있을 영혼을 저에게 붙여 주시옵소서. 그를 진심으로 섬기면서 주님의 사랑을 전하기를 원합니다.

오늘, 제가 만나는 사람들 가운데 태신자로 품어야 할 이가 있음을 생각합니다.

누구든지, 어디에서든지 사람을 만나게 될 때, 하나님께서 구원하시기를 기뻐하시는 사람을 주목하게 하시옵소서. 한 사람이라도 그냥 보지 않게 하시며, 소홀히 대하지 않게 하시옵소서.

지상에 계시던 동안에, 잃어버린 자를 찾아 애를 쓰시던 주님의 모습을 그리워합니다.

우리 예수님께서 가셨던 그 길을 감사함으로 따라가게 하시옵소서. 복음을 전하기 위해, 걸음을 내딛을 준비를 하게 하시옵소서.

예수님의 이름으로 기도드립니다. 아멘.

14

이 은혜를 주신 것은

"태신자를 품었다는 것은 이미 복음을 위한 일에 참여한 것입니다. 포기하지 말고 끝까지 기도하며 하나님의 약속을 믿고 한 영혼이 구원받는 은혜를 누리시기 바랍니다."

_____ 를 위한 열네번째 기도

....
....
....

말씀으로 묵상하십시오.

모든 성도 중에 지극히 작은 자보다 더 작은 나에게 이 은혜를 주신 것은 측량할 수 없는 그리스도의 풍성함을 이방인에게 전하게 하시고 | 에베소서 3:8

이는 이방인들이 복음으로 말미암아 그리스도 예수 안에서 함께 상속자가 되고 함께 지체가 되고 함께 약속에 참여하는 자가 됨이라 | 에베소서 3:6

너희가 첫날부터 이제까지 복음을 위한 일에 참여하고 있기 때문이라 | 빌립보서 1:5

태신자를 위한 오늘의 실천사항

1.
2.
3.

여호와 우리 주여,

자기의 형제, 골육 친척의 구원을 위하여 자기를 아끼지 않았던 바울의 심정을 저의 것으로 사모합니다. 저에게도 생명에 이르는 복음을 증거해야 할 이들이 있으니, 먼저 그들을 위하여 간구합니다.

그들에게 복음을 전할 수 있는 기회를 만들어 주시고, 예수님의 보혈을 전하게 하시옵소서.

복음을 전하려는 소원을 주시는 하나님의 마음을 품게 하시옵소서. 성령님께서 주목하도록 감동을 주시는 ○○○ (형제)가 저에게 전도대상자입니까?

만일, 그가 저에게 붙여주시는 태신자라면 기쁨으로 품게 하시옵소서. 그가 하나님께로 나아가 예배할 때까지 그를 품는 즐거움을 누리게 하시옵소서.

하나님께서 예수님으로 말미암아 저에게 생명의 은혜를 주셨음을 기억합니다.

이 은혜에 대하여 거룩한 빚을 졌으니, 부득불이라도 갚게 하시옵소서. 생명에 이르게 하는 우리 주님의 풍성함을 불신자를 찾아 나누게 하시옵소서. 전도를 사모하게 하셨으니, 이 복음을 전해 줄 사람을 만나게 하시옵소서.

태신자로 삼게 하신 영혼을 섬기게 하시옵소서. 그의 이름을 부르며, 날마다 축복하게 하시옵소서.
이미 제가, 하나님의 자녀가 되어 누리고 있는 복된 삶을 이야기하게 하시옵소서.

저를 통해서 예수님을 영접하려는 마음을 사모하게 하시옵소서. 복음을 전할 때, 그 복음을 좋아하는 마음을 갖게 하시고, 성령님께서 듣고 믿음에 이르도록 하시옵소서.
예수님의 이름으로 기도드립니다. 아멘.

15

해산하는 수고를 하나니

"우리는 영혼을 추수할 수 있는 거룩함을 선물로 받았습니다. 새 생명을 순산할 때까지 수고를 기꺼이 기뻐해야겠습니다."

_____ 를 위한 열다섯번째 기도

....
....
....

말씀으로 묵상하십시오.

나의 자녀들아 너희 속에 그리스도의 형상을 이루기까지 다시 너희를 위하여 해산하는 수고를 하노니 | 갈라디아서 4:19

이는 이방인들이 복음으로 말미암아 그리스도 예수 안에서 함께 상속자가 되고 함께 지체가 되고 함께 약속에 참여하는 자가 됨이라 | 에베소서 3:6

너희가 첫날부터 이제까지 복음을 위한 일에 참여하고 있기 때문이라 | 빌립보서 1:5

태신자를 위한 오늘의 실천사항

1.
2.
3.

하늘에 계신 하나님,

하나님의 사랑의 대상인 ○○○ (형제)를 태신자로 품게 하셨음에 감사드립니다.

저의 기도와 사랑을 통해서 그를 출산하는 날까지 품게 하시옵소서. 오직 ○○○ (형제)가 교회로 인도되기까지 영적인 임신의 기쁨을 즐거워하게 하시옵소서.

태신자를 작정하고, 그의 영혼을 품으며 기도하게 하시는 하나님을 찬양합니다. 하나님께서 구원하시기로 작정한 사람을 전도대상자로 삼아 마음의 태에 갖게 하심을 즐거워합니다.

그에게 다가가서 사랑의 관계를 형성하고, 그 관계 안에서 그리스도를 전해 주고, 하나님의 사랑을 나누게 하시옵소서. 저의 사랑을 통하여 하나님의 자비하심이 나타나게 하시옵소서.

저에게도 영혼을 추수할 수 있는 거룩함을 주셨으니 새 생명을 순산할 때까지 대가를 지불하려는 결단을 경험하게 하시옵소서. 그에게 복음을 전할 때, 아멘으로 응답하여 구원을 받는 기쁨을 주시옵소서.

그리고 그 복음으로 진리를 아는 데까지 이르게 하시옵소서.

이를 위하여 저에게 ㅇㅇㅇ (형제)를 태신자로 품게 하셨으니, 출산할 그날까지 오직 기도와 하나님의 말씀으로 섬기게 하시옵소서.

하나님의 은혜 안에서 주님의 십자가 사랑으로 교제하게 하시옵소서. 십자가에서 흘리신 주님의 보혈이 저의 섬김을 통하여 ㅇㅇㅇ (형제)에게 전해지기를 소원합니다.

예수님의 이름으로 기도드립니다. 아멘.

16

다른 가까운 마을들로

"우리는 영혼을 추수할 수 있는 거룩함을 선물로 받았습니다. 새 생명을 순산할 때까지 수고를 기꺼이 기뻐해야겠습니다."

_____ 를 위한 열여섯번째 기도

....
....
....

말씀으로 묵상하십시오.

이르시되 우리가 다른 가까운 마을들로 가자 거기서도 전도하리니 내가 이를 위하여 왔노라 하시고 | 마가복음 1:38

이르시되 추수할 것은 많되 일꾼이 적으니 그러므로 추수하는 주인에게 청하여 추수할 일꾼들을 보내 주소서 하라 | 누가복음 10:2

열매가 익으면 곧 낫을 대나니 이는 추수 때가 이르렀음이라 | 마가복음 4:29

태신자를 위한 오늘의 실천사항

1.
2.
3.

세상을 다스리시는 주여,

이 시간 저의 마음이 ○○○ (형제)에게로 향하게 하심을 찬양합니다.

그에게 하나님의 사랑을 보여주기 위해서 ○○○ (형제)를 만나기를 소망하니 기회를 열어 주시옵소서. 주님의 이름으로 그를 찾아 만나도록 이끌어 주시옵소서.

태신자로 작정하고 첫 만남을 준비할 때, 성령님의 인도하심을 구합니다.

우리의 만남을 사탄이 방해하지 못하게 하시옵소서. ○○○ (형제)가 저에게 호의를 베풀며 만나도록 성령님께서 환경을 만들어 주시옵소서.

하나님께서 그를 구원해 내시기로 계획하셨음을 확신하게 하시옵소서.

그에게 다가갈 때, 그를 불러서 자녀의 권세를 회복시켜 주시기를 원하시는 하나님의 마음을 묵상하게 하시옵소서. 그를 죄로부터 불러내어 의인의 회중에 들게 하시려는 하나님의 눈으로 바라보게 하시옵소서.

○○○ (형제)가 저에게 호의를 품고, 제가 전하려는 복음을 진지하게 들을 수 있는 분위기가 마련되기를 바랍니다. 성령님께서 우리 가운데 임하셔서 우리의 관계를 화목하게 해 주시고, 복음을 나눌 만한 환경을 만들어 주시옵소서.

그가 저를 받아들이도록 하기 위해서 영적인 전투에 임하는 마음을 갖게 하시옵소서. 그의 생각과 마음, 그리고 행동까지 지배하고 있는 사탄을 무찌르도록 간구하게 하시옵소서.

지상에 계시던 동안에 한시도 게으름이 없이 복음을 전하셨던 예수님의 모습을 닮게 하시옵소서. 주님을 따라 복음을 전하게 하시옵소서.
예수님의 이름으로 기도드립니다. 아멘.

17

오직 복음을 전케하려

"예수님은 때를 얻든지 못 얻든지 가르치시며 전도에 힘쓰셨습니다. 여러 가지 상황이 가로막을지라도 태신자를 향한 열심에 게으르지 말아야 하겠습니다."

_____ 를 위한 열일곱번째 기도

말씀으로 묵상하십시오.

그리스도께서 나를 보내심은 세례를 베풀게 하려 하심이 아니요 오직 복음을 전하게 하려 하심이로되 말의 지혜로 하지 아니함은 그리스도의 십자가가 헛되지 않게 하려 함이라 | 고린도전서 1:17

내 말과 내 전도함이 설득력 있는 지혜의 말로 하지 아니하고 다만 성령의 나타나심과 능력으로 하여 | 고린도전서 2:4

자기 때에 자기의 말씀을 전도로 나타내셨으니 이 전도는 우리 구주 하나님이 명하신 대로 내게 맡기신 것이라 | 디도서 1:3

태신자를 위한 오늘의 실천사항

1.
2.
3.

신실하신 나의 하나님,

우리 주님의 이름으로 ○○○ (형제)를 축복합니다. 아기를 가진 산모와 같이, 이제 그에 대하여 주의하게 하시옵소서. 하나의 생각, 사소한 말의 한 마디에 주의를 기울이게 하시고, 그를 교회로 초대할 때까지 잘 품게 하시옵소서.

그의 생명을 구하려는 일에, 사탄이 훼방할 수도 있으니, 지혜롭게 그와의 관계를 조성하게 하시옵소서. 오직 복음을 전하려는 한 가지의 소원으로 그에게 다가가게 하시고, 그리스도를 증거 할 수 있는 분위기를 만들어 가게 하시옵소서.

관계를 조성하는 시간에서부터 ○○○ (형제)에 대한 섬김을 즐거워하게 하시옵소서.

○○○ (형제)가 구원에 이름으로써 하나님께 영광이 되고, 저에게는 새 생명을 출산하는 기쁨을 누리게 하시옵소서.

그를 하나님의 은혜 안에서 사랑하게 하시고, 그의

영혼을 위하여 기도하게 하시옵소서. 처음으로 한 영혼을 품어보는 마음이 성령님의 충만하심으로 인도받게 하시옵소서.

이제 제가 ○○○ (형제)를 대할 때, 예수님을 생각하게 하시옵소서. 주님께서 저를 그에게 보내시는 분은 바로 예수님이십니다.

또한 그가 저를 만나게 하신 분도 예수님이십니다. 우리 사이에 복음을 나누도록 하셨음을 깨닫습니다.

한 영혼을 하나님의 자녀로 삼기 위하여 ○○○ (형제)에게 복음을 전하게 하시옵소서.

이 일을 거룩하게 여기며, 생명을 살리는 일로 여겨 기도하는 가운데 기회가 주어지는 대로 생명의 복음을 전하게 하시옵소서.

예수님의 이름으로 기도드립니다. 아멘.

18

나와 함께 낙원에

"나에게 주신 태신자를 통해 우리를 위하시는 하나님의 사랑을 다시금 묵상하며, 주님의 보혈에 감사하는 시간이 되어야겠습니다."

_____ 를 위한 열여덟번째 기도

....
....
....

말씀으로 묵상하십시오.

예수께서 이르시되 내가 진실로 네게 이르노니 오늘 네가 나와 함께 낙원에 있으리라 하시니라 | 누가복음 23:43

또한 우리를 위하여 기도하되 하나님이 전도할 문을 우리에게 열어 주사 그리스도의 비밀을 말하게 하시기를 구하라 내가 이 일 때문에 매임을 당하였노라 | 골로새서 4:3

영접하는 자 곧 그 이름을 믿는 자들에게는 하나님의 자녀가 되는 권세를 주셨으니 | 요한복음 1:12

태신자를 위한 오늘의 실천사항

1.
2.
3.

우리의 부르짖음이 되시는 주여,

저에게 죽어가는 형제의 영혼을 구하는 열정을 주셨음에 감사드립니다. 마귀에게 종노릇을 하며, 육신을 위해서 살아가고 있는 ○○○ (형제)를 불쌍히 여겨 주시옵소서.

그를 사랑하시는 하나님의 마음을 품고, 그에게 복음을 전하는 자가 되게 하여 주시옵소서.

하나님 앞에서 그를 위하여 기도할 내용을 알려 주시옵소서. 죄와 저주로 이미 죽은 바 된, 그의 영혼이 거듭나기를 바라는 소원을 저의 것으로 여기게 하시옵소서. 악한 길에서 떠나 생명으로 인도되도록 간구하게 하시옵소서.

저에게 그의 영혼을 태신자로 섬기게 하셨으니, 주님께서 구원으로 초청하시는 그 시간까지 생명을 품는 은혜를 감당하게 하시옵소서. 이 기회로 말미암아 우리를 위하시는 하나님의 사랑을 배우게 하시며, 주님의 보혈에 감사하게 하시옵소서.

오늘, ○○○ (형제)에게 하나님의 사랑을 보여줄 수 있는 기회를 만들어 주시옵소서.

그를 만났을 때, 그에게 집중하게 하시옵소서. ○○○ (형제)를 인격적으로 섬기면서, 혹시 제가 도와야 할 일이 있으면 주저 말고 섬기게 하시옵소서.

그의 구원을 위해서라면 무엇에라도 대가를 지불할 수 있는 마음을 갖게 하시옵소서.

하나님의 사랑이 예수님에 의해서 우리에게 온 것처럼 저의 한 가지 행동으로 하나님의 사랑을 전하게 하시옵소서.

예수님의 이름으로 기도드립니다. 아멘.

19

주의 길을 굳게 지키고

"내가 받은 하나님의 자비하심과 하나님의 은혜가 태신자도 느끼고 체험되어지도록 하는 도구가 기꺼이 되어야 하겠습니다."

_____ 를 위한 열아홉번째 기도

....
....
....

말씀으로 묵상하십시오.

주께서 내 마음을 시험하시고 밤에 내게 오시어서 나를 감찰하셨으나 흠을 찾지 못하셨사오니 내가 결심하고 입으로 범죄하지 아니하리이다 사람의 행사로 논하면 나는 주의 입술의 말씀을 따라 스스로 삼가서 포악한 자의 길을 가지 아니하였사오며 나의 걸음이 주의 길을 굳게 지키고 실족하지 아니하였나이다 | 시편 17:3-5

이를 위하여 우리의 복음으로 너희를 부르사 우리 주 예수 그리스도의 영광을 얻게 하려 하심이니라 | 데살로니가후서 2:14

태신자를 위한 오늘의 실천사항

1.
2.
3.

자비로우신 하나님,

ㅇㅇㅇ (형제)를 태신자로 섬기도록 하신 하나님께 영광을 돌립니다. 저에게도 한 생명에게 전도할 수 있는 기회를 주셨음에 감사드립니다.

죽어가는 죄인이 영생에 이르기를 기뻐하시는 하나님의 손길로 그를 대하게 하시옵소서.

씨를 뿌리려는 농부는 밭을 사랑하여 밭으로 나가야함을 깨닫습니다. 양을 치는 목자는 양들 가운데 한 마리라도 잃지 않기 위해서 양떼에게로 가야함을 깨닫습니다.

저에게 전도대상자로 ㅇㅇㅇ (형제)를 선택하게 하셨으니, 저의 마음이 그에게 있게 하시옵소서.

오직 그가 예수님을 구세주로 영접해 드릴 수 있기 위하여 그에게 집중하게 하시옵소서. 그에게 제가 받은 하나님의 자비하심을 나누어 하나님의 은혜를 간접적으로 체험하게 하시옵소서.

예수님의 이름으로 승리하는 생활을 나누어 그가

그리스도를 따르기를 원하는 마음을 갖게 하시옵소서. 제가 그에게 하나님을 보여주는 도구가 되기를 원합니다.

ㅇㅇㅇ (형제)의 영혼을 위하시는 하나님의 사랑으로 그를 섬기게 하시옵소서.

그에게 사람으로서는 느껴보지 못했던 하나님의 사랑을 나타내 보이게 하시옵소서. 그를 섬김으로 친절히 대하게 하시며, 그에게 유익한 친구가 되어줌으로써 복음을 전할 기회를 만들게 하시옵소서.

제가 사람들을 대할 때와는 전혀 다른 가슴으로 그를 만나게 하시옵소서. ㅇㅇㅇ (형제)를 대할 때, 그에게 저를 보내시는 하나님께 주목해서 관계를 갖게 하시옵소서.

예수님의 이름으로 기도드립니다. 아멘.

20

천하에 다니며 만민에게

"복음을 전파하는 것은 우리에게 맡겨진 지상명령입니다. 지금 내가 품은 태신자로 인하여 이후 더 많이 맺어질 열매를 바라보아야 합니다."

_____ 를 위한 스무번째 기도

....
....
....

말씀으로 묵상하십시오.

또 이르시되 너희는 온 천하에 다니며 만민에게 복음을 전파하라 | 마가복음 16:15

그러므로 너는 내가 우리 주를 증언함과 또는 주를 위하여 갇힌 자 된 나를 부끄러워하지 말고 오직 하나님의 능력을 따라 복음과 함께 고난을 받으라 | 디모데후서 1:8

이를 위하여 죽은 자들에게도 복음이 전파되었으니 이는 육체로는 사람으로 심판을 받으나 영으로는 하나님을 따라 살게 하려 함이라 | 베드로전서 4:6

태신자를 위한 오늘의 실천사항

1.
2.
3.

긍휼이 풍성하신 여호와여,

우리 주님께서 죄인을 구하시려고 이 땅에 오셨음을 묵상합니다.

영벌에 이를 자들을 구원에 이르게 하시려고 하나님께서 사람이 되셨음을 잊지 않게 하시옵소서. 하나님이 우리에게 오심과 같이, 저를 흑암에 있는 하나님의 백성에게로 보내심을 깨달아 알게 하시옵소서.

성령님의 강권하심으로 ○○○ (형제)를 태신자로 정하였으니, 그를 가슴으로 품게 하시옵소서.

이전에는 생각해보지도 못하였으나 그를 사랑하시는 하나님의 마음으로 ○○○ (형제)에게 다가가게 하시옵소서. 그를 위하여 준비되어 있는 하늘의 복을 알려 주게 하시옵소서. 주님의 이름으로 그를 축복하게 하시옵소서.

○○○ (형제)를 위하시는 하나님의 마음을 가지고, 그를 대하게 하시옵소서.

하나님께서 그에게 주신 은사가 무엇인지를 살펴

격려하게 하시며, 서로 사랑의 관계 안으로 들어가게 하시옵소서. 결코, 복음을 전해주는 수여자가 아니기를 원합니다. 저에게 있는 것을 상대방이 없으므로 베푸는 실수를 하지 않게 하시옵소서.

○○○ (형제)가 생명에 이르는 복음을 듣는데, 마귀의 훼방이 없게 하시옵소서.

성령님께서 그에게 복음을 전할 수 있는 기회를 만들어 주시옵소서. 우리가 복음을 서로 나눌 때, 믿음을 선물로 주시는 하나님의 영이 그에게 충만하기를 바랍니다.

예수님의 이름으로 기도드립니다. 아멘.

태신자를 위한 아름다운 기도

날짜	새신자이름	기 도 제 목

Prayer

태신자 전도하는 신앙지식

진돗개 전도왕의 전도 비결 – 전도 5계명

첫째는 전도의 대상자를 정한 후 집중 기도하는 것이다.

물론 전도를 시작하기 전에도 기도를 하게 된다. 전도의 대상자를 많이 붙여 달라고 말이다. 그러나 흔히 이런 기도는 목표 없이 허공을 치는 기도로 되기 쉽다. 이것보다 중요한 것이 기도 대상자를 물색하고 하는 기도가 더욱 중요하다. 이런 기도는 목적과 목표가 명확하여 진돗개가 사냥물을 발견하고 돌격하는 것과 같다.

둘째는 가까운 데서부터 먼 데로 확장하는 것이다.

상대방을 잘 알거나 친한 사이라면 접근하기가 보다 쉽다. 성경을 보아도 하나님의 구원은 가까운 가정별, 친척별 구원이 많다. 저도 제가 시의원으로 제가 잘 알고 있는 순천시 시의원 22명 중 20명의 의원을 전도하여 확실한 효과를 보았다. 그러면서 전도는 점진적으로 먼 데로 확장해 나가야 한다.

셋째는 한 번 물면 절대 놓지 말아야 한다는 것이다.

이것이 진돗개의 가장 중요한 특징이다. "10번 찍으면 넘어 안가는 나무가 없다"는 속담이 있듯이 목표를 향해 적극적이면서도 인내하며 끈질기게 달라붙으면 어느 땐가는 따라오게 된다. 우리 부인도 시집와서부터 수십 년간 나를 물고 늘어졌는데 결국은 내가 손들고 주님 앞에 서게 됐다.

넷째는 상대의 거절을 두려워하지 말아야 한다.

전도자들이 왕왕 실패하는 원인 중의 하나이다. 전도는 자기가 다한다고 절대 생각하지 말아야 한다. 전도자가 최선을 다 할 때 열매 맺게 하는 것은 하나님이다. 하나님의 능력과 "빽"을 믿고 열심히 임하면서 하나님께 맡기는 심정으로 임하면 한결 쉽고 용기가 난다.

다섯째 반드시 전도 대상자를 교회에 인도해 등록 시켜야한다.

전도 대상자가 말로만 믿겠다고 말하는 건 100%가 아니다. 수시로 사탄의 작용으로 마음이 변하게 된다. 보다, 성령이 강력히 역사하는 교회에 모셔다 목사님께 붙여드리며 반드시 등록을 하게 해야 한다. 등록도 없는 미지근한 전도는 목표물을 잃기 십상이다.

21

네 이웃을 네 몸과 같이

"내가 품은 태신자는 사랑하고 섬겨야 할 존재입니다. 이를 위하여 계속해서 기도하고 사랑 안에서 태신자와 지속적인 만남을 유지하십시오."

_____ 를 위한 스물한 번째 기도

....

....

....

말씀으로 묵상하십시오.

둘째는 이것이니 네 이웃을 네 자신과 같이 사랑하라 하신 것이라 이보다 더 큰 계명이 없느니라 | 마가복음 12:31

형제를 사랑하여 서로 우애하고 존경하기를 서로 먼저 하며 | 로마서 12:10

너희가 진리를 순종함으로 너희 영혼을 깨끗하게 하여 거짓이 없이 형제를 사랑하기에 이르렀으니 마음으로 뜨겁게 서로 사랑하라 | 베드로전서 1:22

태신자를 위한 오늘의 실천사항

1.
2.
3.

살아계신 주여,

전도하는 것에 소원을 품게 하시고, 한 영혼이 하나님의 자녀로 살아가는 것을 바라며 기도하게 하시니 감사드립니다.

이제껏 지내오면서 한 사람에게 마음을 두고, 기도하면서 그를 위해 본 적이 없는데, 전도를 통해서 하나님의 사랑으로 살게 하셨음을 기억합니다.

하나님의 사랑 안에서 ○○○ (형제)를 태신자로 품기 위해서 이제까지 기도해 오게 하신 하나님을 묵상합니다.

태신자 전도에 대한 열정을 느끼게 하시고, 오늘까지 20일 동안 기도하게 하신 성령님의 인도에 감사드립니다.

성령님의 감동에 따라 지옥으로 끌려가는 영혼을 불쌍히 여기게 하시옵소서.

그 영혼, 제가 사랑하고 섬겨야 할 존재라는 것을 가슴에 담게 하시옵소서. 하나님의 사랑이 저에게 임하여 구원을 받게 하심 같이, ㅇㅇㅇ (형제)에게도 그 사랑이 임하기를 원합니다.

그를 하나님께로 인도하고자 기도하는 시간에, 영혼에 대한 사랑을 배우게 하시옵소서. 제 몸을 사랑하듯이 ㅇㅇㅇ (형제)의 이름을 부르게 하시옵소서.

죄로 말미암아 죽을 수밖에 없는 사람을 살리는 일에 쓰임을 받게 하셨으니 감격하게 하시옵소서.

ㅇㅇㅇ (형제)를 위하여 기도하는 시간에 게을리 하지 않게 하시옵소서.

저의 간절함이 하늘에 상달되어 구속의 은혜가 그에게 임하기를 원합니다.

예수님의 이름으로 기도드립니다. 아멘.

22

서로 마음을 같이 하며

"하나님께서는 서로 사랑하라고 명령하시며 그 사랑의 본을 보여주셨습니다. 그 사랑을 품어 내 이웃과 내가 품은 태신자에게 사랑의 복음을 전해야겠습니다."

_____ 를 위한 스물두번째 기도

....
....
....

말씀으로 묵상하십시오.

서로 마음을 같이하며 높은 데 마음을 두지 말고 도리어 낮은 데 처하며 스스로 지혜 있는 체 하지 말라 아무에게도 악을 악으로 갚지 말고 모든 사람 앞에서 선한 일을 도모하라 할 수 있거든 너희로서는 모든 사람과 더불어 화목하라 | 로마서 12:15-18

그의 형제를 사랑하는 자는 빛 가운데 거하여 자기 속에 거리낌이 없으나 | 요한일서 2:10

우리는 형제를 사랑함으로 사망에서 옮겨 생명으로 들어간 줄을 알거니와 사랑하지 아니하는 자는 사망에 머물러 있느니라 | 요한일서 3:14

태신자를 위한 오늘의 실천사항

1.
2.
3.

우리를 사랑하시는 하나님,

제가 ○○○ (형제)를 만났을 때, 주님의 보내심으로 다가가게 하시옵소서. 저 자신이 그에게 선물이 되게 해 주시기를 원합니다. 저와의 인격적인 만남에서 우리 주님의 사랑이 전달되게 하시옵소서. 그가 자신을 사랑하시는 하나님을 느낄 수 있도록 하시옵소서.

하나님 앞에서 ○○○ (형제)를 품는 동안에 하나님의 사랑을 배우게 하시옵소서. 즐거워하는 자들로 함께 즐거워하기를 바라신 하나님의 사랑으로 그를 섬기게 하시옵소서. 그리고 우는 자들로 함께 울게 하시옵소서. 이 사랑을 통하여 ○○○ (형제)와 함께 마음을 같이 하도록 인도해 주시옵소서.

저에게 불신자 한 영혼을 태신자로 품어서라도 복음을 전해야겠다는 비전을 갖게 하셨음에 감사드립니다.

사람마다 자기의 힘으로는 어찌해 볼 수 없는 안타까움이 있는데, 만일 ○○○ (형제)에게 어려움이 있다면, 제가 그것을 섬기게 하시옵소서. 그의 어려움을 함께 나눔으로써 우리 안에 하나님의 사랑이 풍성해지게 하시며, 그로 말미암아 복음을 전할 수 있는 기회가 열려지게 하시옵소서.

○○○ (형제)에게 참 좋은 친구로서 제가 받아들여지고, 우리 사이에 하나님의 은혜가 흘러넘쳐 자연스럽게 복음이 전해지고, 복음을 들을 수 있는 시간이 마련되게 하시옵소서.

하나님의 사랑이 그를 친구로 섬기게 하심으로써 예수님이 우리의 친구가 되시기를 원하신다는 사랑을 받게 하시옵소서.

사랑의 복음을 전하면서 ○○○ (형제)를 사랑하기 원합니다. 구원의 복음을 전하면서 ○○○ (형제)의 구원 받음을 소망하게 하시옵소서.

예수님의 이름으로 기도드립니다. 아멘.

23

하나님의 사람이

우리에게

"하나님께서는 서로 사랑하라고 명령하시며 그 사랑의 본을 보여주셨습니다. 그 사랑을 품어 내 이웃과 내가 품은 태신자에게 사랑의 복음을 전해야겠습니다."

_____ 를 위한 스물세번째 기도

....

....

....

말씀으로 묵상하십시오.

서로 마음을 같이하며 높은 데 마음을 두지 말고 도리어 낮은 데 처하며 스스로 지혜 있는 체 하지 말라 아무에게도 악을 악으로 갚지 말고 모든 사람 앞에서 선한 일을 도모하라 할 수 있거든 너희로서는 모든 사람과 더불어 화목하라 | 로마서 12:15-18

그의 형제를 사랑하는 자는 빛 가운데 거하여 자기 속에 거리낌이 없으나 | 요한일서 2:10

우리는 형제를 사랑함으로 사망에서 옮겨 생명으로 들어간 줄을 알거니와 사랑하지 아니하는 자는 사망에 머물러 있느니라 | 요한일서 3:14

태신자를 위한 오늘의 실천사항

1.
2.
3.

지극하시고 전능하신 주여,

주님께서 복음을 전하시며 보여주셨던 사랑과 섬김으로 ○○○ (형제)에게 다가가게 하시옵소서.

주님께서 우리에게 오심이 바로 하나님의 사랑이었듯이, 제가 그에게 다가감이 하나님의 사랑이기 되기를 바랍니다. ○○○ (형제)를 사랑하시는 하나님의 열심을 저의 가슴에 담게 하시옵소서.

오늘 제가 ○○○ (형제)를 대할 때, 그가 예수님을 영접하든지, 그렇지 않든지를 떠나 사랑하게 하시옵소서. 저에게 온 하나님의 사랑으로 그에게로 가게 하시옵소서. 아무런 이유 없이 그를 사랑함에서 하나님의 사랑이 우리 안에 거하게 하시옵소서.

독생자 예수님으로 말미암아 제가 먼저 구원을 받았으니, 이 사랑으로 ○○○ (형제)를 섬기게 하시옵소서. 이 사랑으로 그에게 섬기는 자가 되게 하시옵소서.

그리하여 그가 자신의 힘으로 어떻게 해볼 수 없는

일들에 대하여 기꺼이 돕게 해 주시기를 원합니다.

그 도움을 통해서 ○○○ (형제)가 저를 신뢰할 만함에 이르고, 제가 전하는 복음에 귀를 기울이게 하시옵소서. 그의 어려움을 나눔으로써 친구가 되어 주고, 그가 기대하는 것에 넘치도록 제가 섬김으로써 하나님께서 우리를 위하심을 드러내 보이게 하시옵소서.

그를 태신자로 품어 이제까지도 기도를 해 온 사랑을 갖고, 그의 어려움을 나누게 하시옵소서.

그에게 진심으로 필요한 사람이 되게 하시며, 이웃이 되게 하시옵소서. 제가 ○○○ (형제)에게 이웃이 되어줌으로써 그가 하나님의 은혜를 느끼기를 원합니다.

예수님의 이름으로 기도드립니다. 아멘.

24

지극히 작은 자 하나에게

"하나님을 사랑하는 자는 그 형제도 사랑한다고 하였습니다. 이제 하나님의 사랑을 가졌으니, 억지로가 아닌 진심으로 태신자를 사랑하며 섬겨야 합니다."

_____ 를 위한 스물네번째 기도

....
....
....

말씀으로 묵상하십시오.

내가 주릴 때에 너희가 먹을 것을 주었고 목마를 때에 마시게 하였고 나그네 되었을 때에 영접하였고 헐벗었을 때에 옷을 입혔고 병들었을 때에 돌보았고 옥에 갇혔을 때에 와서 보았느니라 | 마태복음 25.35-36

누가 이 세상의 재물을 가지고 형제의 궁핍함을 보고도 도와 줄 마음을 닫으면 하나님의 사랑이 어찌 그 속에 거하겠느냐 | 요한일서 3:17

우리가 이 계명을 주께 받았나니 하나님을 사랑하는 자는 또한 그 형제를 사랑할지니라 | 요한일서 4:21

태신자를 위한 오늘의 실천사항

1.
2.
3.

여호와 우리 주여,

오늘 ○○○ (형제)를 만났을 때, 그를 사랑하게 하시옵소서. 제가 복음을 전하기 전에, 그가 하나님의 사랑을 느끼게 하여 주시옵소서.

저에 대한 감동이 ○○○ (형제)에게 하나님께로 이르는 동기가 되게 하시옵소서.

단지, 그에게 복음을 전하려는 수단으로 사랑하지 않게 하시옵소서. 하나님의 사랑을 갖고, 진심으로 그를 사랑하여 섬기게 하시옵소서.

그리하여 우리 안에 하나님의 사랑이 풍성해지는 즐거움을 누리게 하시옵소서.

그를 사랑하는 저의 전도가 거저 받았으니, 거저 주는 심정으로 이루어지게 하시옵소서.

저의 전도하는 행위를 하나님께 올려 드리게 하시옵소서. 지금 그가 어떤 곤경에 처해 있다면 그것을 도움으로써 하나님의 영광을 구하게 하시옵소서.

지금 그가 주린 형편이나 목이 마른 형편, 나그네 된 심정이거나 벗고 있다면 돕게 하시옵소서.

이에, 한 영혼을 구하는 것에 투자되는 것을 사랑으로 감당하게 하시옵소서.

○○○ (형제)에게 하나님의 사랑을 드러내기 위해 시 시간을 드리게 하시옵소서. 영혼을 구하는 일에, 물질이 사용되어져야 한다면 기쁨으로 감당하게 하시옵소서. 저에게 있는 모든 것을 함께 함으로써 우리 안에서 천국의 모습이 보여지기를 바랍니다.

그를 저에게 태신자로 섬기게 하셨으니, ○○○ (형제)가 예수님을 구주로 영접하여 건강한 생명으로 출산되기까지 기도를 쉬지 않게 하시옵소서.

무엇이라도 그의 출산을 위해 쓰여지도록 준비하게 하시옵소서.

예수님의 이름으로 기도드립니다. 아멘.

25

너도 이와 같이 하라

"하나님을 사랑한다고 하고 형제를 미워하면 거짓말 하는 자라고 합니다. 사랑은 말로만 하는 것이 아닙니다. 나의 형제가 어려울 때 기꺼이 도와주는 사랑을 품어야 합니다."

_____ 를 위한 스물다섯번째 기도

....

....

....

말씀으로 묵상하십시오.

네 생각에는 이 세 사람 중에 누가 강도 만난 자의 이웃이 되겠느냐 이르되 자비를 베푼 자니이다 예수께서 이르시되 가서 너도 이와 같이 하라 하시니라 | 누가복음 10;36-37

누구든지 하나님을 사랑하노라 하고 그 형제를 미워하면 이는 거짓말하는 자니 보는 바 그 형제를 사랑하지 아니하는 자는 보지 못하는 바 하나님을 사랑할 수 없느니라 | 요한일서 4:20

소금은 좋은 것이로되 만일 소금이 그 맛을 잃으면 무엇으로 이를 짜게 하리요 너희 속에 소금을 두고 서로 화목하라 하시니라 | 마가복음 9:50

태신자를 위한 오늘의 실천사항

1.
2.
3.

인생의 생사화복을 다스리시는 하나님

○○○ (형제)를 사랑하시는 하나님을 찬양합니다. 저에게 아버지가 되어 주시듯이, ○○○ (형제)에게도 아버지가 되시기를 원하시는 하나님을 그에게 전하게 하시옵소서.

복음을 전할 부탁을 받았던 사도와 같이 그 고백이 저의 것이 되기를 바랍니다. 저를 구원에 이르게 한 복음을 전하게 하시옵소서.

태신자로 섬기며 기도해 오던 중에, 더욱 사랑하게 된 ○○○ (형제)가 지금 겪고 있는 곤란함과 어려움을 도움으로써 하나님을 아버지로 부르는 기회가 되게 하시옵소서.

그를 교회로 인도하는 전도가 단지 말로 전해지는 것보다 제가 그를 섬김에서 전해지기를 소원합니다.

우리 주님께서 복음을 전하실 때, 병든 자들을 치료해 주셨던 사실을 기억합니다. 삶에 지쳐 있는 이들에게는 천국의 복음을 전해 소망을 주셨음도 기억합니다. 이에, 복음을 전하려는 저의 의도보다는 복음을 들어야 하는 ○○○ (형제)에게 예수님을 구주로 소개하게 하시옵소서.

사탄의 참소로 악한 생각과 악한 일에 매여서 행악을 일삼고 자신의 영혼마저도 병들게 된 이들에게 구원의 은혜를 내려 주시옵소서.
더럽고 추한 행실을 일삼게 하는 마귀로부터 자유롭게 하시옵소서.

저에게 구주가 되어 주셨던 예수님이 ○○○ (형제)에게도 구주가 되심을 믿습니다.
지금 그에게 도움이 되시는 주님을 영접하도록 이끌어 주시옵소서. 저의 사랑을 통해서 그가 자기를 위하시는 하나님께로 나아가도록 인도해 주시옵소서.
예수님의 이름으로 기도드립니다. 아멘.

26

악인이 그 길에서
돌이켜

"우리를 악한 길에서 구원해 주신 분은 하나님이십니다. 이제 우리가 저들에게 복음을 전하게 하시고, 그의 구원을 위하여 기도하게 하시는 하나님을 기억해야 합니다."

_____ 를 위한 스물여섯번째 기도

....
....
....

말씀으로 묵상하십시오.

너는 그들에게 말하라 주 여호와의 말씀이니라 나의 삶을 두고 맹세하노니 나는 악인이 죽는 것을 기뻐하지 아니하고 악인이 그의 길에서 돌이켜 떠나 사는 것을 기뻐하노라 이스라엘 족속아 돌이키고 돌이키라 너희 악한 길에서 떠나라 어찌 죽고자 하느냐 하셨다 하라 | 에스겔 33:11

내 이름으로 일컫는 내 백성이 그들의 악한 길에서 떠나 스스로 낮추고 기도하여 내 얼굴을 찾으면 내가 하늘에서 듣고 그들의 죄를 사하고 그들의 땅을 고칠지라 | 역대하 7:14

태신자를 위한 오늘의 실천사항

1.
2.
3.

영과 진리로 인도하시는 주여,

오늘 사랑하는 ○○○ (형제)에게 하나님의 사랑을 전할 수 있도록 해 주시옵소서.

하나님께서 그의 인생을 위하여 복된 길을 만들어 놓으신 사실을 전하게 하시옵소서.

그를 위하여 하나님께서 예비하신 영생의 삶이 전해지도록 성령님께서 인도하여 주시옵소서.

하나님께서 그에게 아버지가 되시기를 원하시며, 그가 이 땅에 사는 동안에 풍성한 복을 누리며 살기를 원하시는 하나님의 사랑을 들려주게 하시옵소서.

제가 복음을 전할 기회를 엿보려 할 때, 사탄의 세력이 움직이지 못하도록 하시옵소서.

이 시대는 마치 소돔과 고모라의 시대처럼 음란과 방탕함이 문화의 한 조류로 흐르고 있는데, 이때가 바로 천국이 가까웠음을 전하게 하시옵소서.

우리 하나님 앞에서 패역한 세상은 이제 심판을 기다리는 것 밖에 없으니 속히 복음을 전하도록 인도해 주시옵소서. 우리 하나님은 악인을 내버려 두지 않으심을 믿습니다.

악인은 자기의 행한 바에 따라 심판에 이르지만, 그를 불쌍하게 여기심을 믿습니다.

악인이 자기의 죄로 죽는 것을 기뻐하지 않으시는 하나님을 묵상합니다. 악인을 구원하시기 위하여 저에게 복음을 전하게 하시고, 그의 구원을 위하여 기도하게 하시는 하나님을 찬양합니다.

사랑하는 ○ ○ ○ (형제)가 하나님을 떠나 있었던 죄를 버리고, 여호와께로 돌아오도록 복음을 전하기를 원합니다.

성령님께서 강권적으로 역사하셔서 심판이 이르기 전에 구원을 받도록 회개의 복음을 전하게 하시옵소서.

예수님의 이름으로 기도드립니다. 아멘.

27

너희를 택하여 세웠나니

"하나님께서는 우리를 택하셔서 왕 같은 제사장이라고 하셨습니다. 나의 태신자도 이제 거룩한 나라며, 빛 가운데 거할 하나님의 소유된 백성이 될 것을 확신하십시오."

_____ 를 위한 스물일곱번째 기도

말씀으로 묵상하십시오.

너희가 나를 택한 것이 아니요 내가 너희를 택하여 세웠나니 이는 너희로 가서 열매를 맺게 하고 또 너희 열매가 항상 있게 하여 내 이름으로 아버지께 무엇을 구하든지 다 받게 하려 함이라 | 요한복음 15:16

또 나를 위하여 구할 것은 내게 말씀을 주사 나로 입을 열어 복음의 비밀을 담대히 알리게 하옵소서 할 것이니 | 에베소서 6:19

그러나 너희는 택하신 족속이요 왕 같은 제사장들이요 거룩한 나라요 그의 소유가 된 백성이니 이는 너희를 어두운 데서 불러내어 그의 기이한 빛에 들어가게 하신 이의 아름다운 덕을 선포하게 하려 하심이라 | 베드로전서 2:9

태신자를 위한 오늘의 실천사항

1.
2.
3.

우리를 인도하시는 하나님,

오늘 주님의 보내심으로 ○○○ (형제)에게 다가가서 사람이 하나님의 사랑을 받지 못하고, 아버지의 은혜를 누리지 못함에 대하여 들려주게 하시옵소서. 사람이 하나님께 죄를 지었으므로 하나님께로부터 분리되어 비참함에 이른 사실을 말하려고 합니다.

그에게 다소 마음이 언짢을지 몰라도 원죄와 자범죄에 대하여 담대히 알려 주어 그가 죄인임을 깨닫고 고백하게 하시옵소서.

하나님께로부터 분리된 우리는 삶의 모든 문제에 눌리게 되었음을 설명할 때에 성령님께서 함께 하시옵소서. 구원의 진리를 알아듣기 쉽도록 설명하게 하시옵소서.

사랑이 많으신 하나님께서 ○○○ (형제)가 예수님을 믿어 구원을 받게 하려는 것이 하나님의 소원임을 전해 주게 하시옵소서.

그를 자녀로 선택하시고, 왕 같은 제사장으로 삼으

시려는 은혜의 계획에 대하여 알려 주게 하시옵소서.

저를 제자로 부르신 주님을 묵상합니다. 저를 제자로 삼아 이 땅에서 하나님의 나라가 이루어지기를 간구하게 하신 주님이십니다.

주님의 뜻에 따라 사랑하는 ㅇㅇㅇ (형제)를 바라보게 하시옵소서. 그에게 주님께서 얼마나 사랑하시는지를 알려주도록 은혜를 내려 주시옵소서.

제가 그에게 복음을 전하면서, 하나님께서 그를 거룩한 나라로 삼으셔서 하나님의 영광을 나타내려 하심도 알려 주기를 원합니다.

이 시간에, 성령님께서 저의 입술을 사로잡아 천국의 비밀을 증거하게 하시옵소서. 그를 위하시는 하나님의 자비를 들려주게 하시옵소서.

예수님의 이름으로 기도드립니다. 아멘.

28

주의 이름을 부르는 자

"주의 이름을 부르는 자는 구원을 받는다고 하셨습니다. 태신자에게 이 진리를 담대히 전하여 생명의 복음을 받아 주님의 이름을 부르게 해야 합니다."

_____ 를 위한 스물여덟번째 기도

말씀으로 묵상하십시오.

누구든지 주의 이름을 부르는 자는 구원을 받으리라 | 로마서 10:13

사람이 마음으로 믿어 의에 이르고 입으로 시인하여 구원에 이르느니라 | 로마서 10:10

이것이 너희의 간구와 예수 그리스도의 성령의 도우심으로 나를 구원에 이르게 할 줄 아는 고로 | 빌립보서 1:19

태신자를 위한 오늘의 실천사항

1.
2.
3.

우리에게 귀를 기울이시는 여호와여,

오늘 ○○○ (형제)를 구원하시기 원하시는 하나님의 마음으로 그를 만나기 원합니다.

그에게 우리의 죄를 해결해 주기 위하여 오신 예수님에 대하여 들려줄 수 있도록 성령님께서 인도하시옵소서. 십자가의 은혜를 전하게 하시옵소서.

사람은 자기 스스로 죄의 문제를 해결할 수 없다는 것을 ○○○ (형제)가 깨달아 시인하게 하시옵소서. 오직 예수님께서 우리의 죄를 없애 주시려고 세상에 오셨음을 알려주게 하시며, 주님의 죽으심으로 죄의 짐을 벗어버리게 되었음을 들려주게 하시옵소서.

이로써, 예수님만이 우리의 죄를 용서해 주시는 주님이 되신다는 것을 그가 깨닫기 원합니다.

예수님을 구주로 영접하여 영원한 생명에 이르고, 복된 삶을 살 수 있게 된다는 진리를 설명하게 하시옵소서.

하나님께서 ○○○ (형제)를 사랑하시기에, 그를 위하여 하늘에 영원한 집을 마련하시고, 복음을 받게 하셨다는 구원의 계획에 대하여 설명하게 하시옵소서. 그를 위하시는 하나님이 사랑을 전할 때, '아멘'으로 받아들이게 하시옵소서.

저는 복음을 전하는 것이 서툴지만, 그가 생명의 복음을 받아 주님의 이름을 부르게 하시옵소서.

저의 입술은 뻣뻣하고, 저의 지혜는 부족하나 제가 복음을 설명할 때, 성령님께서 ○○○ (형제)의 마음을 감동시켜 주시옵소서.

그리하여 진리를 알게 하시는 성령님의 역사가 나타나고, 예수님을 구주로 영접하게 하는 성령님의 인도하심이 충만하게 하시옵소서.

예수님의 이름으로 기도드립니다. 아멘.

29

내 말과 내 전도함이

"나를 구원하신 구주와 복음 전하는 일을 부끄러워하면 하나님께서도 저희를 부끄러워하십니다. 복음을 전할 때 성령님께서 함께 하심을 믿고 담대히 전하십시오."

_____ 를 위한 스물아홉번째 기도

....
....
....

말씀으로 묵상하십시오.

내 말과 내 전도함이 설득력 있는 지혜의 말로 하지 아니하고 다만 성령의 나타나심과 능력으로 하여 | 고린도전서 2:4

예수께서 들으시고 이르시되 두려워하지 말고 믿기만 하라 그리하면 딸이 구원을 얻으리라 하시고 | 누가복음 8:50

아름다운 소식을 시온에 전하는 자여 너는 높은 산에 오르라 아름다운 소식을 예루살렘에 전하는 자여 너는 힘써 소리를 높이라 두려워하지 말고 소리를 높여 유다의 성읍들에게 이르기를 너희의 하나님을 보라 하라 | 이사야 40:9

태신자를 위한 오늘의 실천사항

1.
2.
3.

사랑의 하나님,

오늘 사랑하는 ○○○ (형제)에게 예수님을 구주로 모셔드리도록 증거하게 하시옵소서.

제가 예수님을 구주로 영접했던 기억과 그때의 벅찬 감동을 그에게 전하도록 저의 입술을 주장해 주시옵소서. 성령님께서 저의 가슴에 복음을 전하지 않고서는 배겨낼 수 없는 심정을 주시옵소서.

질병과 고통, 불안과 허무함이 매일 마음을 짓누르고 있는 죽음의 길에서 떠나 영생에 길에 들어설 것을 결단하도록 돕게 하시옵소서.

○○○ (형제)가 예수님을 자신의 구주로 영접하도록 성령님의 능력으로 권면하게 하시옵소서.

제가 그에게로 다가기 전에, 먼저 하나님의 신으로 충만하게 하시옵소서.

성령님께 충만하여 사람의 지혜나 말의 능력을 가지고 그에게 가지 않게 하시옵소서. 저는 다만 하나님의 영으로 인도되어, 성령님께서 ○○○ (형제)에게 들려주시려는 말씀만 전하기를 바랍니다.

그가 오늘, 예수님을 구주로 모셔드리면 하나님의 자녀가 되고, 하나님께서 그를 위하여 준비해 놓으신 행복의 길에 들어선다는 것을 담대히 증언하게 하시옵소서.

제가 복음을 전하면서 죄인을 구원하시는 하나님의 인자하심을 나타내 보여지기를 바랍니다.

이제 ○○○ (형제)가 복음을 받아 예수님을 구주로 영접하는 생명의 역사로 인도해 주시옵소서.

그가 예수님을 구주로 고백하려 결심할 때, 마귀가 훼방하지 않게 도와주시옵소서.

멸망의 나라에서 생명의 나라로 옮겨지기를 사모할 때, 오직 성령님께서 그를 호위하여 주시기를 원합니다.

예수님의 이름으로 기도드립니다. 아멘.

30

그 이름들이 생명 책에

"지금 태신자를 향한 기도의 시작은 한 생명을 생명책에 기록하는 귀한 사역입니다. 그리스도의 비밀을 전할 수 있도록 끝까지 포기하지 말아야 합니다."

_____ 를 위한 서른번째 기도

....
....
....

말씀으로 묵상하십시요.

또한 우리를 위하여 기도하되 하나님이 전도할 문을 우리에게 열어 주사 그리스도의 비밀을 말하게 하시기를 구하라 내가 이 일 때문에 매임을 당하였노라 | 골로새서 4:3

내가 진실로 진실로 너희에게 이르노니 내 말을 듣고 또 나 보내신 이를 믿는 자는 영생을 얻었고 심판에 이르지 아니하나니 사망에서 생명으로 옮겼느니라 | 요한복음 5:24

누구든지 생명책에 기록되지 못한 자는 불못에 던져지더라 | 요한계시록 20:15

태신자를 위한 오늘의 실천사항

1.
2.
3.

신실하신 주 여호와여,

어제와도 같이 사랑하는 ○○○ (형제)에게 복음을 전하도록 기회를 열어 주시옵소서.

오늘은 그에게, 마음으로 믿고 입으로 시인하여 구원에 이르는 결단을 촉구하도록 은혜를 내려 주시옵소서. 그가 자기의 구원을 위해서 결단하려 할 때, 사탄의 훼방이 없게 하시옵소서.

○○○ (형제)의 결신을 돕기 위해서 영접 기도를 할 수 있게 하여 주시옵소서.

제가 인도하는 영접 기도를 그가 따라서 간구하도록 은혜를 내려 주시옵소서.

예수님의 보혈로 자신의 죄를 씻어 주시기를 진심으로 기도하게 하시옵소서. ○○○ (형제)의 심령에 성령님께서 들어오시기를 원합니다.

예수님의 죽으심과 부활하심의 사건이 ○○○ (형제)를 위함이었다는 진리를 깨달아, 구주로 영접하는 은혜의 시간을 주시옵소서.

이로써, ○○○ (형제)의 영혼을 죄와 사망으로부터 구하시기를 원하시는 하나님의 일에 협력하게 하시옵소서. 하나님의 뜻을 이루어드림이 저의 소원이 되기를 바랍니다.

　제가 전도의 영에 뜨겁게 인도되어서, 하나님께서 사랑하시는 ○○○ (형제)를 위하여 무릎을 꿇게 하시옵소서. 그에게 복음을 들을 만한 역사가 임하도록 중보하게 하시옵소서. 성령님의 구원 역사를 위해서 밤에 일어나 부르짖게도 하시옵소서. 오직 저의 소원이 ○○○ (형제)를 죽음의 땅에서 하나님의 나라로 옮겨지는 것임이 되게 하시옵소서.

　이어서 영접 기도 후에, ○○○ (형제)가 하나님의 자녀가 되었음을 선포하도록 저에게 담대함을 주시옵소서. 살아계신 주님께서 그의 안에 계시며, 그의 삶을 인도하신다는 사실을 전하게 하시옵소서.
　예수님의 이름으로 기도드립니다. 아멘.

태신자를 위한 아름다운 기도

날짜	새신자이름	기 도 제 목

Prayer

태신자를 전도하는 일곱 가지 방법

태신자 전도방법

1. 하나님의 사랑, 이웃 사랑을 실천

2. 대신지를 위히여 기도(히루 20분 이상)

3. 태신자 만남 (20번 이상)

4. 태신자에게 예수님, 교회, 성도, 목사님 자랑

5. 가장 좋은 얼굴 전도지를 사용하기

6. 생활 속에서 예수님의 향기를 나타내기

7. 기도로 잉태한 태신자, 믿음으로 출산하고 사랑으로 양육하자!

31

구원의 반석을 향하여

"나의 태신자가 이제 하나님을 아버지라 부르고, 그 품에서 누리게 될 참 평강과 이 땅에서 천국의 삶을 맛보고, 영광의 참 실체인 하나님의 나라를 소망할 수 있도록 기도의 끈을 놓지 마십시오."

_____ 를 위한 서른한번째 기도

....
....
....

말씀으로 묵상하십시오.

오라 우리가 여호와께 노래하며 우리의 구원의 반석을 향하여 즐거이 외치자 | 시편 95:1

여호와의 사심을 두고 나의 반석을 찬송하며 내 구원의 반석이신 하나님을 높일지로다 | 사무엘하 22:47

너희가 아들이므로 하나님이 그 아들의 영을 우리 마음 가운데 보내사 아빠 아버지라 부르게 하셨느니라 | 갈라디아서 4:6

태신자를 위한 오늘의 실천사항

1.
2.
3.

교회로 모이게 하시는 하나님,

저에게 ○○○ (형제)를 주님의 교회로 인도하려는 소원을 주신 하나님을 사랑합니다. ○○○ (형제)를 성도로 부르시는 하나님의 은혜를 보게 하시옵소서. 그리하여 그가 교회에 대하여 관심을 나타내고, ○○ 교회에 가자고 할 때 거절하지 않게 하시옵소서.

오늘 기도하는 중에 우리가 ○○ 교회에 대하여 이야기를 나눌 때, 마귀가 틈타지 않게 하시옵소서. 이제까지 그를 지배하고 있던 사탄의 세력을 무찔러 주시고, 성령님께서 그의 마음을 다스려 주시옵소서. 그가 구원의 은혜를 받는 것을 훼방하는 사탄의 세력을 주님의 이름으로 무찔러 주시옵소서.

우리의 구원과 영생에 이르는 삶을 위하여 이 땅에 있을 동안에 누리는 복락으로써 교회를 주셨음을 ○○○ (형제)가 깨닫기 원합니다. 제가 부족한 지혜로 교회에 출석할 것을 권면할 때, 하나님께서 그에게 주시는 선물로 받아들이게 하시옵소서.

○○○ (형제)가 교회에 초대되어, 구원의 방주로 들어가는 은혜에 이르기를 소원합니다.

이 땅에서 하나님의 집으로 구별해 놓으신 교회에 들어가 하나님을 아버지라 부르고, 그 품에서 누리게 될 참 평강을 즐기게 하시옵소서. 교회에 소속해서 이 땅에서 천국의 삶을 맛보고, 영광의 참 실체인 하나님의 나라를 소망하게 하시옵소서.

○○○ (형제)가 지금까지 지내오는 동안에, 수없이 많은 자리를 경험했을 것입니다. 성령님의 인도하심에 따라 교회에 발을 들여놓고, 지금까지 경험했던 자리와는 다른 하나님의 집을 맛보게 하시옵소서. 천국의 신비에 들어가게 하시옵소서.

예수님의 이름으로 기도드립니다. 아멘.

32

눈과 같이, 양털 같이

"십자가의 보혈로 주홍 같은 붉은 우리의 죄가 눈과 같이 희어졌습니다. 죄 사함을 받아 구원의 이를 때까지 태신자에게 계속해서 복음을 전해야 합니다."

_____ 를 위한 서른두번째 기도

....

....

....

말씀으로 묵상하십시오.

여호와께서 말씀하시되 오라 우리가 서로 변론하자 너희의 죄가 주홍 같을지라도 눈과 같이 희어질 것이요 진홍 같이 붉을지라도 양털 같이 희게 되리라 | 이사야 1:18

주의 백성에게 그 죄 사함으로 말미암는 구원을 알게 하리니 | 누가복음 1:77

예수께서 그들의 믿음을 보시고 이르시되 이 사람아 네 죄 사함을 받았느니라 하시니 | 누가복음 5:20

태신자를 위한 오늘의 실천사항

1.
2.
3.

영으로 간구하게 하시는 주여,

저를 ○○○ (형제)에게로 보내신 하나님의 구원계획을 묵상합니다.

그를 사랑하는 자녀로 삼으시고, 이 땅에서 지내는 동안에 하나님 나라의 백성으로 살아가게 하시려는 은총을 ○○○ (형제)에게 베풀어 주시옵소서.

저의 죄가 주홍 같았으나 눈과 같이 희어지게 하시고, 진홍 같이 붉었지만 양털 같게 하신 하나님의 은혜를 기억합니다.

그 은혜가 ○○○ (형제)에게도 임하게 하시옵소서. 이에, 제가 담대히 교회의 출석을 권고하도록 성령님께서 역사해 주시옵소서.

주님의 피로 말미암아 죄 사함의 은혜를 받게 하시려는 하나님의 사랑이 ○○○ (형제)에게 교회에로의 출석으로 이루어지게 하시옵소서.

교회의 지체가 됨으로써 하나님의 자녀가 되어, 천국시민의 권세를 즐기게 하시옵소서.

○○○ (형제)가 교회에 소속되기를 원하는 마음을 갖게 해 주시기를 원합니다.

성령님께서 그의 생각과 마음을 주장하셔서 교회를 사모하게 하시옵소서. 부모의 품을 그리워하는 것처럼, 고향의 집을 그리워하듯이 영원히 돌아가야 하는 하나님의 품을 그리워하게 하시옵소서.

그에게 교회에 가서 예배드릴 것을 권유할 때, 성령님께서 그의 마음에 반가운 소리가 되게 하시옵소서. 지금까지 그를 다스리고 있었던 마귀의 역사를 물리쳐 주시고, 사탄의 권세에서 놓여나게 하시옵소서.

예수님의 이름으로 기도드립니다. 아멘.

33

그 배에서 생수의 강이

"믿음은 하나님의 자녀가 되는 권세와 구원에 이르는 길입니다. 태신자를 바로 인도해서 이 좁은 길로 갈 수 있도록 해야 합니다."

_____ 를 위한 서른세번째 기도

....
....
....

말씀으로 묵상하십시오.

나를 믿는 자는 성경에 이름과 같이 그 배에서 생수의 강이 흘러나오리라 하시니 | 요한복음 7:38

그 눈을 뜨게 하여 어둠에서 빛으로, 사탄의 권세에서 하나님께로 돌아오게 하고 죄 사함과 나를 믿어 거룩하게 된 무리 가운데서 기업을 얻게 하리라 하더이다 | 사도행전 26:18

그 아들 안에서 우리가 속량 곧 죄 사함을 얻었도다 | 골로새서 1:14

태신자를 위한 오늘의 실천사항

1.
2.
3.

거룩하게 하시는 여호와여,

교회의 한 가족이 됨으로서 음부의 권세가 우리를 이기지 못하게 하시는 하나님을 찬양합니다.

주님께서 피로 세우신 교회 안에서 우리의 구원이 완성되는 것을 믿으니, ○○○ (형제)를 교회로 인도하게 하시옵소서.

제가 그에게 ○○ 교회의 지체가 될 것을 권면할 때, 마귀가 훼방하지 않게 하시옵소서. 마귀의 사악한 행동을 결박해 주시옵소서.

○○○ (형제)의 영혼이 구원에 이르는 것을 사탄이 방해하지 않도록 지켜 주시옵소서.

사랑하는 ○○○ (형제)를 교회로 인도하기 위하여 지금까지 기도를 들어주신 하나님을 묵상합니다. 그를 태신자로 품게 하시고, 오늘까지 섬겨오게 하신 하나님이십니다.

이제 그가 결단할 때가 되었으니 그가 하나님의 집을 선택하게 하시옵소서.

저에게 주신 생명의 은혜를 ○○○ (형제)에게도 허락하시옵소서. 주님으로 말미암은 생수의 넘침을 경험하게 하시옵소서.

생수의 강이 흘러 넘쳐 삶이 풍성해지고, 손을 대는 곳마다 번성함을 경험하는 은혜를 ○○○ (형제)에게도 주시옵소서.

○○○ (형제)가 사망의 자리에서 생명의 자리로 옮겨지는 것을 보게 하시옵소서.

그를 위하시는 하나님의 자비가 교회의 소속으로 열매 맺혀지기를 원합니다. 그의 마음이 교회에 가고 싶어 하는 마음을 간절해지게 하시옵소서.

예수님의 이름으로 기도드립니다. 아멘.

34

우리가 먹고 즐기자

"이제 세상이 줄 수 없는 평안과 어느 곳에서도 얻을 수 없는 생명의 양식을 먹는 기쁨을 태신자와 함께 교회 안에서 그리고 우리의 삶 속에서 누려야 할 시간이 다가옵니다."

_____ 를 위한 서른네번째 기도

....

....

....

말씀으로 묵상하십시오.

아버지는 종들에게 이르되 제일 좋은 옷을 내어다가 입히고 손에 가락지를 끼우고 발에 신을 신기라 그리고 살진 송아지를 끌어다가 잡으라 우리가 먹고 즐기자 | 누가복음 15:22-23

오라 우리가 아침까지 흡족하게 서로 사랑하며 사랑함으로 희락하자 | 잠언 7:18

곧 많은 이방 사람들이 가며 이르기를 오라 우리가 여호와의 산에 올라가서 야곱의 하나님의 전에 이르자 그가 그의 도를 가지고 우리에게 가르치실 것이니라 우리가 그의 길로 행하리라 하리니 이는 율법이 시온에서부터 나올 것이요 여호와의 말씀이 예루살렘에서부터 나올 것임이라 | 미가 4:2

태신자를 위한 오늘의 실천사항

1.
2.
3.

하늘을 사모하게 하시는 주여,

하나님께서 사랑하고 계신 ○○○ (형제)에게 교회에 갈 것을 권유하는 시간을 만들어 주시옵소서. 서로를 신뢰하는 가운데 ○○ 교회를 소개할 수 있는 기회가 만들어지기를 원합니다.

그가 교회의 지체가 되어서 천국 백성의 모형적인 삶을 누리게 하시옵소서.

저에게 교회를 사모하도록 하셨던 은혜가 오늘 ○○○ (형제)에게도 내려지게 하시옵소서. ○○ 교회에 가자는 말이 그에게 선물이 되게 하시옵소서.

그가 돌아가야 하는 영적인 본향으로서의 교회에 대한 반가움이 되게 하시옵소서.

그리하여 교회 안에서 하늘로부터 임하는 생명의 양식을 먹고 즐기는 기쁨을 경험하게 하시옵소서. 세상의 어느 곳에서도 얻을 수 없는 생명의 양식을 먹는 기쁨을 주시옵소서.

이 시간을 얼마나 기다려왔는지요? 그를 하나님의 자녀로 인도하기 위해서 참으로 많은 시간을 기도하게 하셨음에 감사드립니다.

그를 사랑하시는 하나님의 열심을 제게 사모하게 하시고 기도하게 해 오셨음을 기억합니다. 이제는 그를 ○○ 교회로 이끌어 줄 시간인 것을 믿으니, 성령님께서 도와주시옵소서.

그가 자기를 기다리시는 하나님의 품으로 돌아와 아버지를 찬양하게 하시며, 교회를 통해서 베풀어 주시는 은혜에 들어가게 하시옵소서.

하나님의 영광에 참예하고, 거룩한 백성의 반열에 들게 하시옵소서. 음부의 권세가 다시는 그에게 역사하지 못하도록 우리 하나님의 생명책에 ○○○ (형제)의 이름을 기록해 주시기를 바랍니다.

예수님의 이름으로 기도드립니다. 아멘.

35

내가 곧 생명의 떡이니

"우리가 아무리 세상의 부귀영화를 다 가졌다고 할지라도 주님이 주는 평안과는 비교가 안 됩니다. 주님이 주시는 주리지 않는 생명의 떡과 목마르지 않는 생수가 태신자에게도 흘러넘쳐야 합니다."

_____ 를 위한 서른다섯번째 기도

....
....
....

말씀으로 묵상하십시오.

예수께서 이르시되 나는 생명의 떡이니 내게 오는 자는 결코 주리지 아니할 터이요 나를 믿는 자는 영원히 목마르지 아니하리라 | 요한복음 6:35

내가 주는 물을 마시는 자는 영원히 목마르지 아니하리니 내가 주는 물은 그 속에서 영생하도록 솟아나는 샘물이 되리라 | 요한복음 4:14

평안을 너희에게 끼치노니 곧 나의 평안을 너희에게 주노라 내가 너희에게 주는 것은 세상이 주는 것과 같지 아니하니라 너희는 마음에 근심하지도 말고 두려워하지도 말라 | 요한복음 14:27

태신자를 위한 오늘의 실천사항

1.
2.
3.

생명의 주 여호와여,

○○○ (형제)를 태신자로 작정하고, 그를 섬겨오게 하셨던 지난 시간들을 기억합니다.

이제까지 그를 섬기고, 오직 복음을 전할 기회를 만들어 오게 하셨음에 감사드립니다. 오늘은 그에게 ○○ 교회를 소개하고, 우리 교회의 한 지체가 되자고 담대하게 권유하도록 은혜를 내려 주시옵소서.

하나님의 은혜가 넘치며 교회에 속해 있는 지체들이 천국의 생활을 하고 있는 ○○ 교회를 소개할 때, ○○○ (형제)에게 교회에 대한 호감을 갖게 하시옵소서. 그가 하나님의 백성이 되는 것을 시기하는 사탄의 역사를 물리쳐 주시옵소서.

우리가 함께 하나님의 교회에 대하여 이야기를 나눌 때, ○○ 교회에 임하시는 성령님의 은혜가 그의 가슴에 전달되게 하시옵소서.

우리가 돌아가야 할 영원한 처소로서의 교회에 대한 뜨거움이 그의 가슴에 넘쳐나게 하시옵소서.

교회에서 받아 누릴 수 있는 생명의 떡에 대한 사모하는 마음이 ○○○ (형제)에게 뜨거워지기를 바랍니다. 교회에서 경험되는 생수의 마심이 그에게 축복된 사건으로 경험되게 하시옵소서.
　예배하는 중에, 강단으로부터 흐르는 생명의 양식으로 그가 배부름을 느끼게 해 주시옵소서.

　하나님께서 예배의 장소로 구별해 두신 교회를 통해서 그가 한 번도 경험해보지 못했던 거룩함의 은혜로 충만해지기를 바랍니다. 제가 교회에의 출석을 권면할 때, 그 말이 그에게 기다렸던 은혜의 소리가 되게 하시옵소서.

　그리하여 주일을 기다리는 사모함을 주시옵소서. 하나님의 품에 안기기를 기다리게 하시옵소서.
　예수님의 이름으로 기도드립니다. 아멘.

36

이 반석 위에 내 교회를

"탕자가 아버지의 품으로 돌아와 그의 잃었던 권세를 회복했던 것처럼, 나의 태신자도 하나님의 사랑을 받는 자녀로서의 권세와 하늘나라의 소망을 누리도록 해야 합니다."

_____ 를 위한 서른여섯번째 기도

....
....
....

말씀으로 묵상하십시오.

또 내가 네게 이르노니 너는 베드로라 내가 이 반석 위에 내 교회를 세우리니 음부의 권세가 이기지 못하리라 | 마태복음 16:18

너희는 강하고 담대하라 두려워하지 말라 그들 앞에서 떨지 말라 이는 네 하나님 여호와 그가 너와 함께 가시며 결코 너를 떠나지 아니하시며 버리지 아니하실 것임이라 하고 | 신명기 31:6

다 같은 신령한 음료를 마셨으니 이는 그들을 따르는 신령한 반석으로부터 마셨으매 그 반석은 곧 그리스도시라 | 고린도전서 10:4

태신자를 위한 오늘의 실천사항

1.
2.
3.

우리를 기다리시는 하나님,

사랑하는 ○○○ (형제)가 주님의 교회에 등록하게 하심을 감사드립니다.

예배하는 중에, 하나님의 자녀로 거듭난 기쁨이 그를 감격스러워하게 해 주시옵소서. 예수님을 자기의 구주로 영접하는 고백을 한 ○○○ (형제)에게 하나님의 자녀가 되는 권세를 주셨음을 찬양합니다.

이제 그는 세상에 버려진 고아로 지내지 않게 되었고, 하나님께 거절되었던 진노의 자녀가 아님을 확신합니다. 탕자가 아버지의 품으로 돌아와 그의 잃었던 권세를 회복했던 것처럼, ○○○ (형제)도 하나님의 사랑을 받는 자녀로서 지내게 하시옵소서.

오늘 교회에 첫걸음을 내딛고 성전에 그의 몸을 들여놓았으니, 살아계신 하나님의 교회를 사모하는 마음을 주시옵소서.

교회에 의하여 하나님의 가족이 된 은혜를 누리고, 다시는 사탄이 그를 부리지 못하는 권세를 누리게 하시옵소서. 왕의 자녀가 되었음을 찬양하면서 살아가게 하시옵소서.

그가 하나님 앞에서 교회로 세워지기를 간구합니다. 예수님을 구주로 모셔드리는 그의 고백을 받으시고, 그 고백 위에 교회가 세워지게 하시옵소서.

이제, ○○ 교회를 통해서 ○○○ (형제)에게 진리의 기둥과 터가 되어주심을 믿는 믿음을 주시옵소서. 교회 안에서 생명의 말씀으로 믿음이 굳건해지는 은혜 안으로 들어가게 하시며, 하나님의 사람으로 자라가는 즐거움을 누리게 하시옵소서.

예수님의 이름으로 기도드립니다. 아멘.

37

구하라 그리하면 받으리니

"하나님께서는 창세 전부터 이미 우리를 자녀 삼으시고, 영생을 선물로 주셨습니다. 이제 그 선물을 받아 누려야 할 태신자를 함께 기뻐하며 즐거워합시다."

_____ 를 위한 서른일곱번째 기도

....

....

....

말씀으로 묵상하십시오.

지금까지는 너희가 내 이름으로 아무 것도 구하지 아니하였으나 구하라 그리하면 받으리니 너희 기쁨이 충만하리라 | 요한복음 16:24

너희가 내 이름으로 무엇을 구하든지 내가 행하리니 이는 아버지로 하여금 아들로 말미암아 영광을 받으시게 하려 함이라 | 요한복음 14:13

영생의 소망을 위함이라 이 영생은 거짓이 없으신 하나님이 영원 전부터 약속하신 것인데 | 디도서 1:2

태신자를 위한 오늘의 실천사항

1.
2.
3.

좋으신 하나님,

하나님께서 ○○○ (형제)를 자녀로 삼아주시고, ○○ 교회의 지체가 되게 하신 하나님께 영광을 드립니다. 이제부터 그가 교회 안에서 하나님의 자녀가 되었음을 고백하고, 하나님께서는 내려 주시는 복을 받는 은혜의 삶을 살게 하시옵소서.

오늘 하늘의 문을 여시어, ○○○ (형제)를 위하여 예비 된 복을 내려 주시옵소서.

그가 하나님의 약속에 따라 구원에 이르렀으니, 자신의 구원을 의심하지 않게 하시옵소서. 성령님께서 늘 충만하게 임하셔서 그로 하여금 구원을 받은 감격으로 지내게 하시옵소서.

○○○ (형제)를 구원하시려는 하나님의 계획은 이미 영원 전부터 예정되었음을 확신하게 해 주시옵소서. 그리고 하나님께서는 그를 구원하시려는 뜻을 결코 돌이키지 않으심도 깨닫게 하시옵소서.

아버지가 자녀를 사랑함과 같이 하나님께서 자기를

사랑하심을 믿음으로 확신하게 하시옵소서.

우리 주님의 몸과 함께 하는 영적인 교제를 통하여 ○○○ (형제)가 하나님을 아버지라 부르는 기쁨을 누리게 하시옵소서. 그가 하나님의 이름을 부를 때마다 한 번도 경험해 보지 못하였던 좋으신 아버지, 참 좋으신 아버지를 만나게 하시옵소서.

아버지의 사랑을 기대하면서 하나님의 품을 가까이 하는 ○○○ (형제)로 인도해 주시옵소서. 그러므로 이제부터 그에게 한 가지의 소망으로 교회를 가까이 하려는 마음을 갖게 하시옵소서.

그가 하나님을 사랑하는 마음이 교회에 의해서 간절히 나타나게 하시옵소서.

예수님의 이름으로 기도드립니다. 아멘.

38

여호와 앞에 펴 놓고

"주의 보혈로 이제 우리는 죄에서 벗어나 자유함을 얻었습니다. 이제는 예전에 종 되었던 종의 멍에를 벗고 자유함을 누리는 하나님의 자녀로서 살아가야 합니다."

_____ 를 위한 서른여덟번째 기도

....
....
....

말씀으로 묵상하십시오.

히스기야가 사자의 손에서 편지를 받아보고 여호와의 성전에 올라가서 히스기야가 그 편지를 여호와 앞에 펴 놓고 그 앞에서 히스기야가 기도하여 이르되 그룹들 위에 계신 이스라엘의 하나님 여호와 주는 천하만국에 홀로 하나님이시라 주께서 천지를 만드셨나이다 여호와여 귀를 기울여 들으소서 여호와여 눈을 떠서 보시옵소서 산헤립이 살아 계신 하나님을 비방하러 보낸 말을 들으시옵소서 여호와여 앗수르 여러 왕이 과연 여러 민족과 그들의 땅을 황폐하게 하고 또 그들의 신들을 불에 던졌사오니 이는 그들이 신이 아니요 사람의 손으로 만든 것 곧 나무와 돌 뿐이므로 멸하였나이다 우리 하나님 여호와여 원하건대 이제 우리를 그의 손에서 구원하옵소서 그리하시면 천하 만국이 주 여호와가 홀로 하나님이신 줄 알리이다 하니라 | 열왕기하 19:14-19

태신자를 위한 오늘의 실천사항

1.
2.
3.

우리의 생명을 주관하시는 하나님,
우리 주 예수님을 머리로 하여 지체가 되는 영광의 자리에 ○○○ (형제)를 불러 주셨음에 감사드립니다. 그가 교회 안에서 주님의 지체가 되어 주님의 몸을 이루어드리게 하시옵소서.

주님의 몸 된 교회에서 성도들과 함께 한 지체가 되기를 결심한 그에게 교회 공동체가 갖고 있는 신비한 연합을 경험하게 하시옵소서. 교회 안에서 지체의 연합을 사모하면서 그리스도의 장성한 분량에까지 이르게 하시옵소서.

사랑하는 ○○○ (형제)의 이름이 생명책에 기록된 것을 감사드립니다.
하나님의 자녀로서 살려는 마음을 품게 하시옵소서. 이로써, 자신도 모르게 마귀에게 종노릇을 하며 지내던 옛 습관을 버리게 하시옵소서.

○○○ (형제)가 그의 몸에 익숙하고, 생활 속에서

습관이 되어버린 옛 사람의 행실을 거절하게 하시옵소서.

이제까지 해 오던 행동이라 여기며 하게 되는 진리에서 떠난 행동들도 거절하게 하시옵소서. 이로써, 자기 자신을 죄된 행실에서 거절하게 하시옵소서.

그의 삶이 여호와 앞에 펴 놓는 것이 되기를 바랍니다. 그러므로 죄와 저주 아래에서 하나님께 진노를 살 만한 행동들도 거절하게 하시옵소서.

자신의 기도만 하나님께 드려지는 게 아니고, 자기의 삶 전체가 여호와께 드려지게 됨을 깨닫게 하시옵소서.

예수님의 이름으로 기도드립니다. 아멘.

39

성전에 모이기를 힘쓰고

"하나님께서는 우리의 몸과 마음을 드려 예배드림을 기뻐하십니다. 나와 함께 태신자도 예수님을 구주로 믿는다는 고백을 즐거워하길 바랍니다."

_____ 를 위한 서른아홉번째 기도

....
....
....

말씀으로 묵상하십시오.

날마다 마음을 같이하여 성전에 모이기를 힘쓰고 집에서 떡을 떼며 기쁨과 순전한 마음으로 음식을 먹고 하나님을 찬미하며 또 온 백성에게 칭송을 받으니 주께서 구원 받는 사람을 날마다 더하게 하시니라 | 사도행전 2:46-47

그러므로 형제들아 내가 하나님의 모든 자비하심으로 너희를 권하노니 너희 몸을 하나님이 기뻐하시는 거룩한 산 제물로 드리라 이는 너희가 드릴 영적 예배니라 | 로마서 12:1

그 다음 안식일에는 온 시민이 거의 다 하나님의 말씀을 듣고자 하여 모이니 | 사도행전 13:44

태신자를 위한 오늘의 실천사항

1.
2.
3.

목자가 되시는 주여,

하나님께서 이 땅에 보이는 주님의 모습으로서 교회를 세워주셨음에 ○○○ (형제)가 교회를 존귀하게 여기는 마음을 주시옵소서. ○○ 교회의 예배와 성도들의 친교, 하나님의 말씀에 순종하는 생활로 말미암아 천국의 백성으로 자라가게 하시옵소서.

교회에 출석하여 예배할 때마다 자신의 구원 받았음에 감사하며 하나님을 찬양하게 하시옵소서.

우리가 이 땅에서 살아가고 있기 때문에 사탄은 종종 그에게 구원을 의심하게 할 수 있으니, 교회에 나올 때마다 구원을 확신하게 하시옵소서.

○○○ (형제)에게 교회에 주신 예배의 시간을 기억하여 모이기를 즐겨하게 하시옵소서.

성도들을 섬기며 사랑으로 봉사하는 생활을 기쁘게 여기게 하시옵소서.

그에게 예수님을 구주로 믿는다는 고백의 말을 드

리기를 즐거워하게 하시고, 주님의 이름으로 기도하기를 기뻐하게 하시옵소서. 마귀가 그를 유혹하여 구원에 대하여 의심하게 한다 할지라도 주님의 이름으로 마귀의 참소를 물리치게 하시고, 자신의 구원을 아무도 빼앗을 자가 없음에 찬양하게 하시옵소서.

그에게 하나님을 공경하고 예수님을 사랑하는 증거로 교회를 사모하게 하시옵소서.

혹시라도 사탄이 그의 마음을 훼방하여 교회생활을 게을리 하지 않도록 도와주시옵소서.

예수님의 이름으로 기도드립니다. 아멘.

40

성령의 하나 되게 하신 것을

"주 안에서 이제 우리는 한 형제, 자매입니다. 서로 사랑하고 용서하며 성령 안에서 하나 되어야 합니다. 주님의 이름으로 한 가족이 된 나의 태신자를 이전 보다 더욱 사랑하시길 바랍니다."

_____ 를 위한 마흔번째 기도

....
....
....

말씀으로 묵상하십시오.

그러므로 주 안에서 갇힌 내가 너희를 권하노니 너희가 부르심을 받은 일에 합당하게 행하여 모든 겸손과 온유로 하고 오래 참음으로 사랑 가운데서 서로 용납하고 평안의 매는 줄로 성령이 하나 되게 하신 것을 힘써 지키라 | 에베소서 4:1-3

만일 한 지체가 고통을 받으면 모든 지체가 함께 고통을 받고 한 지체가 영광을 얻으면 모든 지체가 함께 즐거워하느니라 | 고린도전서 12:26

너희도 성령 안에서 하나님이 거하실 처소가 되기 위하여 그리스도 예수 안에서 함께 지어져 가느니라 | 에베소서 2:22

태신자를 위한 오늘의 실천사항

1.
2.
3.

나의 주 나의 하나님,

○○○ (형제)가 그리스도의 지체된 신분임을 기억하여 말씀 안에서 ○○ 교회의 다른 지체들과 하나 되는 은혜에 들어가게 하시옵소서.

함께 주님의 지체가 된 이들과 사랑의 교제를 나누도록 이끌어 주시옵소서. 이로써, 말씀 안에서 서로 교통하는 은총을 사모하게 하시옵소서.

○○○ (형제)에게 교회를 가까이 하는 중에, 이제까지는 한 번도 맛보지 못했던 하늘로부터 임하는 평안을 누리게 하시옵소서. 천국의 문을 열고 닫을 수 있는 열쇠를 주셨으니, 주님의 이름으로 땅에서 매고, 푸는 삶을 살게 하시옵소서.

그에게 어떤 음부의 권세도 달려들지 못함을 확신하게 하시옵소서. 자기를 다스려왔던 죄를 무찌르고, 거룩하고 신령한 삶을 사모하게 하시옵소서.

주님의 성호를 찬양하면서 믿음의 기도로 살아가는 지체가 되게 하시옵소서. ○○○ (형제)가 하나님을 찾아 부르짖어 간구할 때, 하늘의 문이 열리고 하나님의 응답이 있기를 바랍니다.

그가 기도의 응답을 체험하면서 하나님의 사람으로 살아가기를 소망하게 하시며, 하나님을 더욱 신뢰하게 하시옵소서.

예수님을 믿기 전에, ○○○ (형제)는 고아아 같았으나 지금은, 하나님의 자녀가 되어 우리와 한 지체가 된 것을 기쁨으로 받아들이게 하시옵소서.

그가 성령님의 충만하심을 소망하며 지내기를 사모하게 하시옵소서.

예수님의 이름으로 기도드립니다. 아멘.

태신자를 위한 아름다운 기도

날짜	새신자이름	기 도 제 목

Prayer

태신자에게 들려줄 신앙이야기

죽음을 앞둔 사람의 전도

타이타닉호가 침몰한지 4년 후 한 젊은이가 어느 모임에서 이렇게 간증했다.

"저는 그때 티이다닉호에 타고 있었습니다. 파편을 붙잡고 표류하는 내 곁으로 존 하퍼씨가 표류해 왔습니다. 그는 내게 물었습니다. '예수 그리스도를 믿습니까?' 나는 '아니오'라고 대답했지요. 그는 숨을 헐떡이며 매우 갈급한 목소리로 말했습니다. '예수 그리스도를 믿으시오. 그러면 구원을 받을 것입니다.' 그는 말을 마치고 파도 휩쓸렸습니다.

그런데 잠시 후 파도에 잠겼던 그가 물위로 떠올랐습니다. 그리고 다시 묻더군요. '이제는 그리스도를 믿습니까?' 나는 역시 동일한 대답을 했지요. '아니오.' 그러나 나는 존 하퍼 목사의 마지막 피전도자였습니다."

청년은 구출된 후 독실한 신자가 됐다. 그의 간증은 많은 사람들을 감동시켰다. 죽음을 앞에 두고 마지막까지 영혼을 구원한 존 하퍼 목사로 인해 수많은 사람들이 예수 그리스도를 영접했다. 참 진리는 죽음 앞에서 더욱 찬란한 빛을 발한다.

승리의 신앙간증

_____년 _____월 _____일

내가 작정하며 중보 기도한 태신자에게 어떤 변화가 있었는지 40일간의 기도 과정과 변화의 간증을 진솔하게 기록해 봅시다.

제목 :